1.-2. Lernjahr

Daphne Moorfield

Englisches Wortschatztraining

Schriftlich und kommunikativ

Find the words

Wortgitter & Definitionskarten

www.kohlverlag.de

Englisches Wortschatztraining

Find the words

1. Auflage 2023

Inhalt: Daphne Moorfield
Coverbilder: © Kristina, yekaterinalim, ivector, PureSolution, Fuat - AdobeStock.com
Redaktion: Kohl-Verlag
Grafik & Satz: Tatjana Wörner & Kohl-Verlag
Druck: farbo prepress GmbH, Köln

Bestell-Nr. 12 862

ISBN: 978-3-98558-265-5

Bildquelle © Adobe.Stock.com:

S. 7: artinspiring; **S. 8:** artinspiring; **S. 9:** artinspiring, Daniel Berkmann; **S. 10:** Tenstudio; **S. 11:** Tenstudio; **S. 13+14:** Tartila, Hein Nouwens, Dejan Jovanovic, istry; **S. 15:** photoplotnikov, mix3r, Wiktoria Matynia, istry, ylivdesign; **S. 16:** iuneWind, Ivan Kopylov, nsit0108, Kostiantyn, ZinetroN, valvectors, GraphicsRF, macrovevtor, Tatahnka; **S. 17:** Daniel Berkmann, antto, Ivan Kopylov, iuneWind, Kostiantyn, valvectors, macrovector, Tatahnka; **S. 18:** vectorikart, martialred, maxicam, Анна Богатырева; **S. 19:** artinspiring, enera, Oleksandr, Eyematrix, Елена Истомина; **S. 20:** artinspiring, biscotto87, Vector Tradition, naddya, Oleksandr, Eyematrix; **S. 21:** Angela, chrupka, Christos Georghiou, macrovector, artinspiring, photoplotnikov, Mary Long, olgasalt, absent84, Jane Kelly; **S. 22:** artinspiring, Rogatnev, brgfx, Hans-Jürgen Krahl, Oleg, eduardrobert, Happypictures, antimartina; **S. 23:** mything, mochipet, Design Anja Becker, keltmd, FARBAI, artinspiring, Cabeza Cuadrada; **S. 24:** Cabeza Cuadrada, brgfx, FARBAI, mything, artinspiring, Design Anja Becker, mochipet, Happypictures, antimartina; **S. 25:** StockVector, sabelskaya, nadzeya26, aliaksei_7799, sudowoodoo, Alfmaler, Lin, nathan_0834, Gstudio, Juliafdt; **S. 26:** sabelskaya, nadzeya26, sudowoodoo, Lin, Gstudio, Juliafdt; **S. 27:** Good Studio; **S. 28:** Save Jungle, bazzier, Gstudio, ddraw, maglyvi, purplebird, varfolomeija, insima; **S. 29:** bazzier, Gstudio, ddraw, varfolomeija; **S. 30:** Andrey1005, denis_pc; **S. 31:** Vitaly, iracosma, brgfx, varfolomeija, Jiw Ingka, victorbrave, MicroOne, ONYXprj, BNP Design Studio, Good Studio, tynyuk, Dobrydnev; **S: 32:** GraphicsRF, SpicyTruffel, klyaksun, djvstock, bigmouse108, ONYXprj, iconixar, gomolach, alexandertrou, SportArtGame; **S. 33:** iracosma, brgfx, Jiw Ingka, victorbrave, MicroOne, ONYXprj, BNP Design Studio, Vitaliy, tynyuk, Dobrydnev; **S. 34:** John Takai, nezezon, alona_s, VRD, Klara Viskova, robu_s, Evgeniy Zimin, Roi_and_Roi, Morphart, ylivdesign, Valerii, Andrei Kukla; **S. 35:** Manovector, John Takai, Milya Shaykh, Andrei Kukla; **S. 36:** Tartila, Hein Nouwens, Dejan Jovanovic, istry, anatolir, VRD, Engel73, Azuzl, Dos Gatos Studio, ylivdesign, Mademoiselle Bézier, Vectorvstocker, StockVector, Roi_and_Roi, Milya Shaykh; **S. 37:** Luslana, yusufdemirci; **S. 38:** evgeniya_m, paprika, Sonulkaster, artinspiring, ii-graphics, LiaRey; **S. 39:** krissikunterbunt; **S. 40:** Mareen Vandelay, ecco; **S. 41:** singmuang; **S. 42:** val_iva, vectorwin; **S. 43:** Татьяна Пивоварова; **S. 44:** Daniel Berkmann, lembergvector; **S. 45:** ZinetroN, Maxim Grebeshkov

Inhalt

Vorwort

Liebe Kolleginnen und Kollegen,

in unserer globalisierten Welt und dem damit verbundenen multikulturellen Leben findet die Mehrsprachigkeit eine immer größer werdende Rolle. Laut Sprachforschern liegt das optimale Alter für das Erlernen der Grammatik und Phonologie einer Sprache zwischen drei und fünf Jahren. So hält das Erlernen einer Fremdsprache schon seit langem bereits im Kindergarten Einzug, und das nicht nur in Grenzgebieten und interkulturellen Brennpunkten.

Dieses Werk ist eine Sammlung frischer Ideen für Ihren Unterricht und alle Lernenden. Der Wortschatz des ersten Lernjahres in Englisch ist in 13 Kapiteln aufgeteilt. Jedes Kapitel startet mit der Aufgabe, abgebildete Gegenstände in geschriebener Form im Gitterrätsel zu suchen und der entsprechenden Abbildung zuzuordnen. Nach dem Gitterrätsel, das in Einzelarbeit zu lösen ist, hat man das notwendige Vokabular eingeführt oder aufgefrischt. Nun widmet man sich zusammen mit einem Partner den abwechslungsreichen Dialogen, die auf jedes Gitterrätsel folgen. Stellen Sie Ihren Schülern das breit gefächerte Sammelsurium an Dialogen, die in den Lehrwerken leider nicht immer so zahlreich sind, zur Verfügung. So werden Ihre Schüler aktiv. Dabei ermöglichen ihnen die Dialoge stets den gleichen Redeanteil.

Am Ende dieses Bandes befindet sich der übersichtliche Lösungsteil mit den Gitterrätseln in DIN A5-Form. Dieser ermöglicht die Selbstkontrolle und -organisation.

Wir wünschen Ihnen viel Erfolg und Spaß mit den vorliegenden Materialien,

der Kohl-Verlag und

Daphne Moorfield

Englisches Wortschatztraining
Find the words – Bestell-Nr. 12 862

Methodisch-didaktische Hinweise

Seite 8, 11, 14, 20, 26, 29, 35: Definitionskarten Für die Definitionskarten braucht man mindestens zwei Spieler. Es gilt, sie zuzuordnen. Hier gibt es mehrere Varianten. Diese können individuell abgeändert werden.

- **Variante 1:** Die Textkarten werden an die Mitspieler verteilt. Der Bildkartenstapel wird verdeckt auf den Tisch gelegt. Ein Spieler deckt eine Bildkarte auf. Derjenige, der die entsprechende Definition hat und diese vorliest, erhält die Bildkarte. So werden die Kartenpaare gesammelt. Wer am Ende die meisten Paare hat, hat gewonnen.

- **Variante 2:** Die Bildkarten werden an die Mitspieler verteilt. Der Textkartenstapel wird verdeckt auf den Tisch gelegt. Ein Spieler deckt eine Textkarte auf und liest den Text laut vor. Derjenige, der die dazugehörige Bildkarte vorweisen kann, erhält die Textkarte. So werden die Kartenpaare gesammelt. Wer am Ende die meisten Paare hat, hat gewonnen.

- **Variante 3:** Als herkömmliches Memory® spielen.

Seite 9: That's my family Jeder Schüler erhält diesen Blanko-Stammbaum und gestaltet ihn individuell. Die Wörterkartei und Formulierungshilfe helfen ihm dabei, seinen Stammbaum einem Partner zu erklären.

Seite 12: Body parts 3 Abwechselnd decken zwei Spieler die verdeckten Karten einzeln auf und lesen dem Partner die Aufforderung vor. Dieser muss die genannte Aktion durchführen.

Seite 15: Clothes 3 Partner A beschreibt Partner B den Inhalt seines Kleiderschrankes. Dieser zeichnet dies in den leeren Schrank auf seinem Blatt ein. Danach werden die Rollen getauscht.

Seite 17: At school 2 Partner A nennt Partner B Feldnummer und Gegenstand. Diesen zeichnet Partner B entsprechend ein. Dann wird verglichen.

Seite 18: At school 3 Jeder der beiden Spieler erhält eine Hälfte des Blattes. Die Partner befragen sich gegenseitig bezüglich der Unterrichtsfächer. Sie tragen die Antworten ihrer Partner mit den Symbolen ein (♥ = "Yes, I do", ✕ = "No, I don't"). Danach prüfen sie auf Richtigkeit.

Seite 21: At home Domino®-Karten aneinanderlegen (Bild-Wort-Zuordnung).

Englisches Wortschatztraining
Find the words – Bestell-Nr. 12 862
KOHL VERLAG

Methodisch-didaktische Hinweise

Seite 24: Food and drinks Es wird zu zweit gespielt. Partner A und B erhalten je eine Dialogkarte. Nun formuliert Partner A an Partner B Fragen nach dessen Vorlieben und Abneigungen beim Essen. Partner B antwortet. Ziel ist es, dass **jeder der Spielenden** die abgefragten Gegenstände entsprechend der Antwort markiert, das heißt: "Yes, I do." = Der Gegenstand wird eingekreist, "No, I don't." = Der Gegenstand wird durchgestrichen. Das Lieblingsessen ("My favourite food ...") wird doppelt eingekreist. Am Ende vergleichen die Partner ihre Karten. Die Markierungen sollten identisch sein.

Seite 27: Pets and farm animals 3 Partner A und B erhalten je eine Dialogkarte. Darauf befindet sich ein Frage- und Antwortteil, sodass sich daraus ein kurzer Dialog ergibt. Die Partner fragen gegenseitig nach ihren Haustieren, deren Namen sowie ihren Lieblingstieren. Alternativ können sie die Fragen bzw. Antworten ihres Partners eintragen. Somit hat jeder einen kompletten Dialog.

Seite 30: Wild animals 3 Partner A und B erhalten je eine Dialogkarte. Darauf befinden sich je 3 Tiere und ihr Lebensraum. Die Partner berichten sich gegenseitig über die Tiere auf ihrer Karte und deren Herkunft. Dabei sagen sie z. B. "The *lion* lives in *Africa*."

Seite 32: Freetime activities 2 Domino®-Karten aneinanderlegen (Bild-Wort-Zuordnung).

Seite 33: Freetime activities 3 Es wird zu zweit gespielt. Partner A und B erhalten je eine Dialogkarte. Nun formuliert Partner A an Partner B Fragen nach dessen Vorlieben und Abneigungen der abgebildeten Hobbys. Partner B antwortet. Ziel ist es, dass **jeder der Spielenden** die abgefragten Gegenstände entsprechend der Antwort markiert, das heißt: "Yes, I do." = Der Gegenstand wird eingekreist, "No, I don't." = Der Gegenstand wird durchgestrichen. Das Lieblingshobby ("My favourite hobby ...") wird doppelt eingekreist. Am Ende vergleichen die Partner ihre Karten. Die Markierungen sollten identisch sein.

Seite 36: Weather 3 Partner A und B erhalten je eine Karte, auf der 2 Fragekarten und 2 Antwortkarten mit Lücken zu sehen sind. Partner A fragt Partner B: "What do you wear when it's *sunny*?" (Er nennt das Wetter entsprechend des Symbols.) Partner B antwortet: "When it's *sunny*, I wear ..." (Er zählt die abgebildeten Kleidungsstücke auf.) Dann wird gewechselt. Nun fragt Partner B u. s. w. So entsteht ein kleiner Dialog.

Methodisch-didaktische Hinweise

Seite 38: Troughout the year 2 Partner A und B stellen sich gegenseitig Fragen zu den Jahreszeiten und ordnen die Monate zu.

Seite 39: Troughout the year 3 Partner A und B stellen sich gegenseitig Fragen zu ihren Lieblingsjahreszeiten.

Seite 40: Colours 1 Die Schafe entsprechend der Farbangaben ausmalen.

Seite 41: Colours 2 Die Partner erhalten je eine Vorlage mit 4 Kindern. Jeweils 2 Kinder (und ihre Kleider) müssen entsprechend der sprachlichen Vorgaben des Partners koloriert werden. Ist alles richtig, so sind die Vorlagen am Ende beim Vergleich identisch.

Seite 42: Colours 3 Mit der Vorlage „Blumenwiese“ wird so verfahren wie in der Aufgabe auf Seite 42. Hier wird nun das Aussehen der Schmetterlinge beschrieben. Die Partner beschreiben und malen je 4 Schmetterlinge an.

Seite 44: Numbers 2 Die Partner diktieren sich abwechselnd Zahlencodes, die es zu entziffern gilt. Ist das Wort gefunden und in die Kästchen eingetragen, muss noch die deutsche Übersetzung aufgeschrieben werden.

Seite 45: Numbers 3 Klassenspiel – Die Lehrperson händigt im Vorfeld jedem Schüler eine (fiktive) Telefonliste aus, auf der alle Klassenkameraden mit ihren (fiktiven) Telefonnummern stehen. Der Schüler, der beginnt und jemanden anruft, erhält zusätzlich die Telefonkarte "Partner A" und sagt: "*I call* ____________ .", indem er eine Nummer aus der Liste nennt. Der Schüler, dessen Nummer genannt wird, holt sich die 2. Telefonkarte am Pult. Nun führen die beiden ein kleines Gespräch mit dem bereits gelernten Vokabular (z. B. "*Hello* __________*? How are you? How old are you? What's your favourite hobby/subject? Do you have a brother?*" etc. Danach kommen 2 andere Schüler an die Reihe.

Tipp: Die Karten können auch laminiert werden. Somit sind sie fester Bestandteil im Klassenzimmer, z. B. an der Lerntheke.

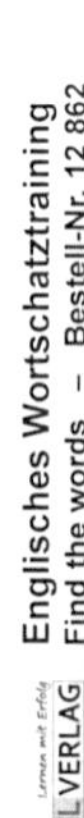

Chrissy's family 1

Y	C	E	P	W	U	S	I	P	U	H	O	E	V	A
B	D	P	O	S	B	T	I	F	R	O	H	T	M	W
U	H	O	L	R	U	H	C	S	L	P	I	C	O	Y
Q	E	H	J	A	S	T	C	O	U	S	I	N	T	L
N	I	V	A	W	R	I	H	S	Z	O	Q	R	H	G
W	L	B	I	Y	X	H	S	R	F	S	F	A	E	H
B	S	P	A	Y	R	S	O	T	E	A	H	B	R	F
B	R	O	T	H	E	R	O	L	E	B	T	Q	H	Z
I	G	V	T	F	O	N	U	I	J	R	T	H	A	U
A	N	R	X	Q	A	L	N	A	E	U	O	B	E	T
I	T	H	A	C	I	R	C	D	U	T	I	N	T	R
L	P	R	A	N	R	D	L	M	O	N	Y	N	I	G
I	Z	A	I	B	D	U	E	Q	O	V	T	Z	M	E
V	C	H	L	B	O	M	M	G	R	A	N	D	P	A
H	T	E	Y	H	T	S	A	S	U	S	J	X	F	A

1. sister
2. grandpa
3. aunt
4. father
5. brother
6. uncle
7. cousin
8. grandma
9. mother

KOHL VERLAG
Englisches Wortschatztraining
Find the words – Bestell-Nr. 12 862

Chrissy's family 2

grandma

grandpa

brother

sister

aunt

uncle

mother

father

a woman who has a child

mother

the father of your father

grandpa

If your parents have another child and it's a girl, it's your ...

sister

a man who has a child

father

the mother of your father

grandma

the sister of your mother or father

aunt

the brother of your mother or father

uncle

If your parents have another child and it's a boy, it's your ...

brother

KOHL VERLAG
Englisches Wortschatztraining
Find the words – Bestell-Nr. 12 862

That's my family

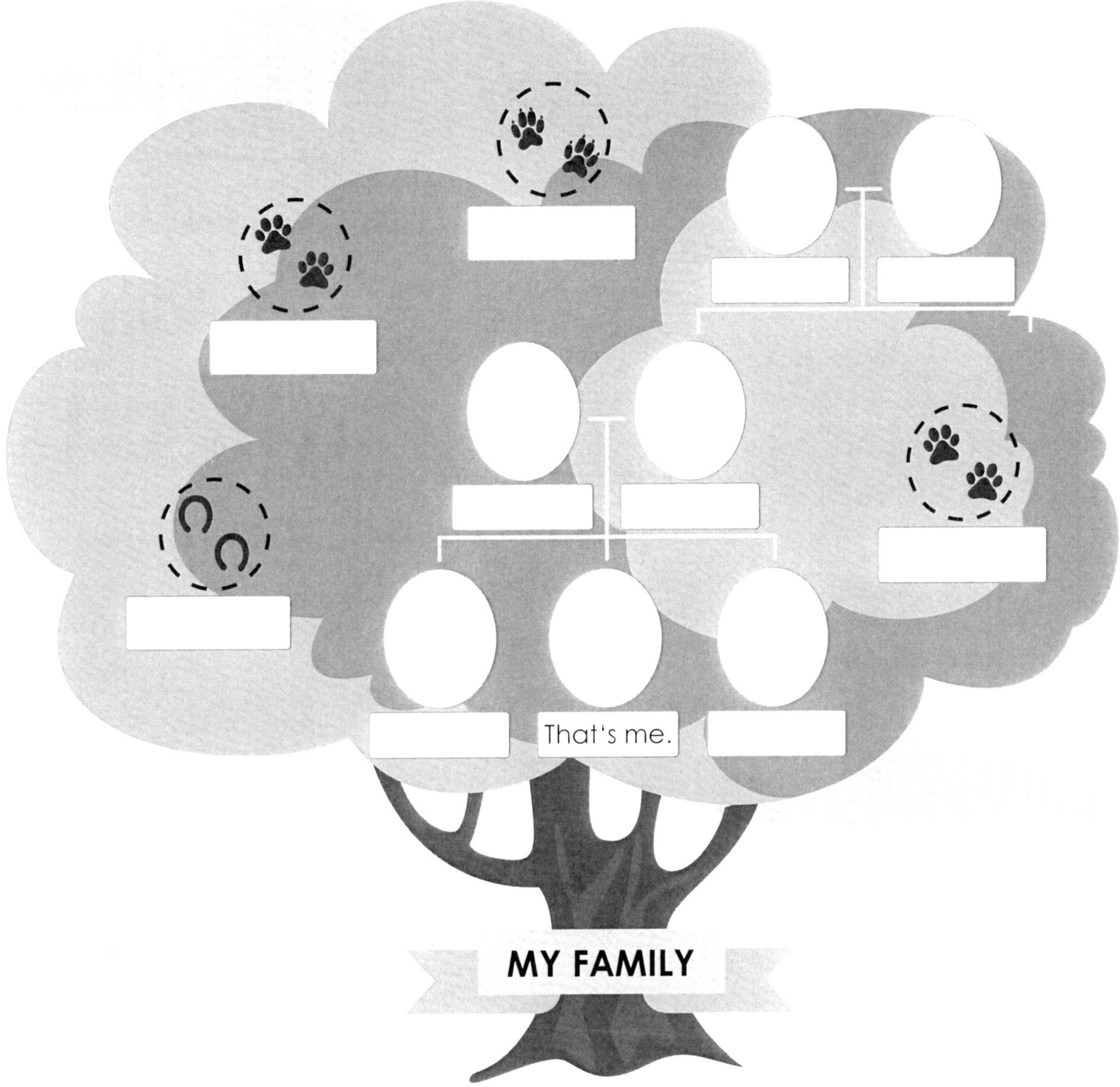

That's me.

MY FAMILY

"This is my family."

"This is my father ..."

"This is my mother *Anna* ..."

"This is ..."

Body parts 1

O	Q	S	X	S	U	E	B	L	U	H	F	G	Z	O
A	N	O	S	W	I	Y	M	Z	P	L	P	T	G	L
V	R	B	M	O	U	T	H	Z	G	U	D	E	D	O
J	E	M	G	Q	L	T	L	S	H	H	T	A	Q	I
A	N	A	H	A	I	E	V	B	J	L	S	R	G	E
T	E	L	C	G	H	Y	B	K	M	G	R	N	C	U
J	M	E	C	A	E	E	Y	F	N	D	B	O	A	N
P	E	G	H	W	Y	W	Y	T	G	E	E	P	Z	D
S	Y	D	Y	A	N	S	E	D	J	U	E	P	J	P
Y	D	F	Q	U	N	B	V	O	E	N	X	L	I	P
S	P	A	H	E	A	D	U	G	T	V	L	I	O	F
H	U	U	J	L	E	A	H	A	N	D	F	U	T	O
T	T	O	W	H	Y	O	E	R	A	I	C	I	S	O
M	T	J	E	H	H	I	A	R	N	O	S	E	A	T
V	S	Z	J	O	H	C	S	E	V	U	F	E	Y	O

1. head
2. knee
3. ear
4. eye
5. leg
6. nose
7. foot
8. mouth
9. arm
10. hand

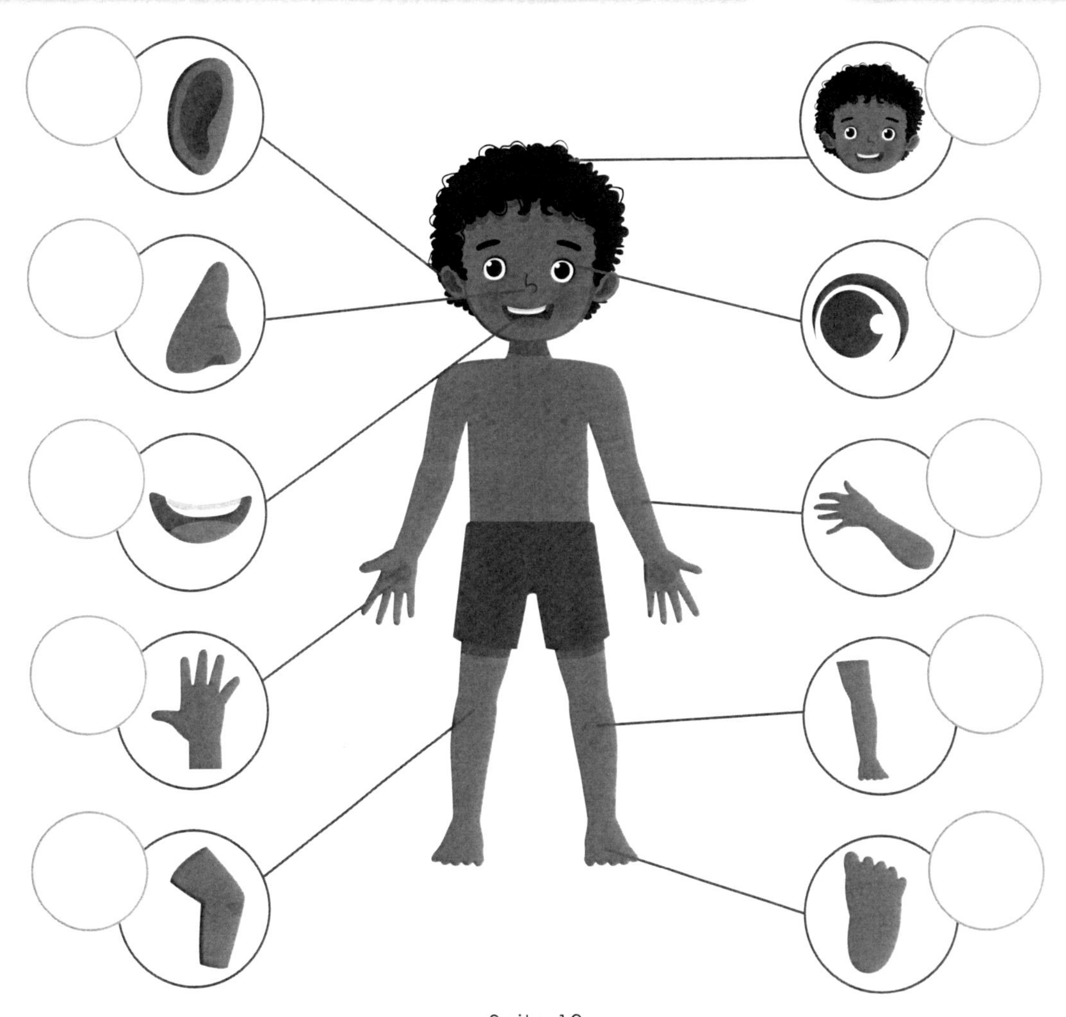

Englisches Wortschatztraining
Find the words – Bestell-Nr. 12 862
KOHL VERLAG

Body parts 2

head

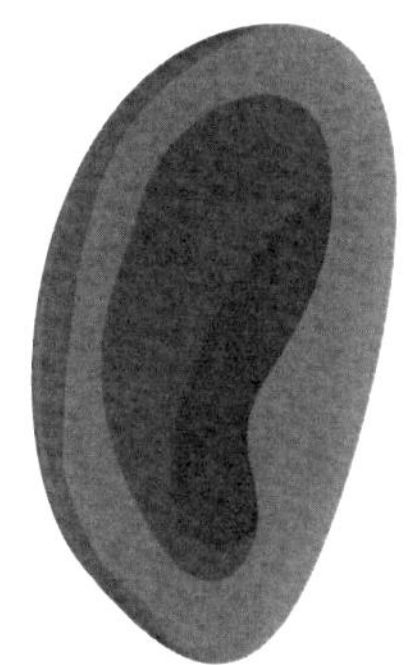

ear

eye

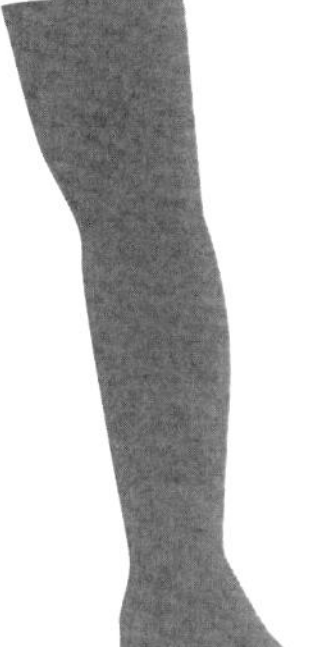

leg

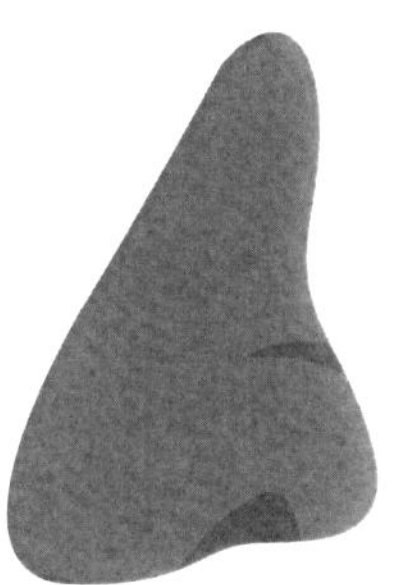

nose

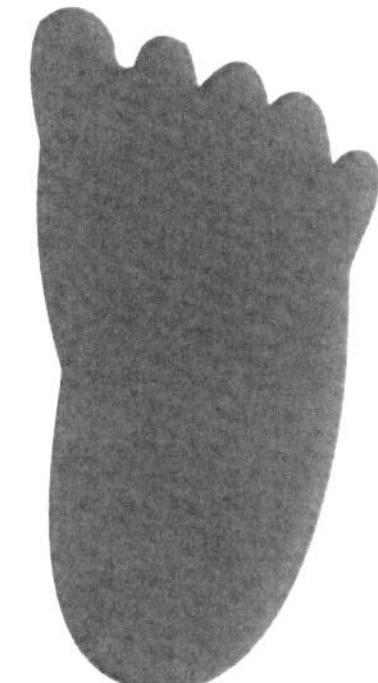

foot

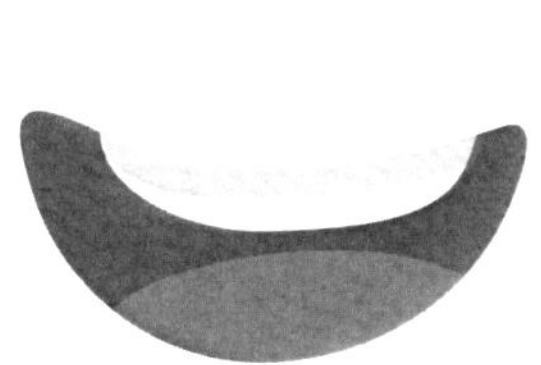

mouth

hand

It's at the top of your body.

head

You can hear with your …

ears

You can see with your …

eye

You walk with your …

legs

You can smell with your …

nose

You stand on it.

foot

You open it to eat, drink or smile …

mouth

It's at the end of the arm. You can hold things with it.

hand

Body parts 3

Lift your left arm. *Hebe deinen linken Arm.*	**Lift up your right foot.** *Hebe deinen rechten Fuß.*	**Show me three fingers.** *Zeige mir drei Finger.*	**Lift up your right foot.** *Hebe deinen rechten Fuß.*
Show me your mouth. *Zeige mir deinen Mund.*	**Shake your head.** *Schüttle deinen Kopf.*	**Show me your knees.** *Zeige mir deine Knie.*	**Lift up your left foot.** *Hebe deinen linken Fuß an.*
Show me your right eye. *Zeige mir dein rechtes Auge.*	**Shake your arms.** *Schüttle deine Arme.*	**Shake your hands.** *Schüttle deine Hände.*	**Show me your ears.** *Zeige mir deine Ohren.*
Shake your right arm. *Schüttle deinen rechten Arm.*	**Show me your teeth.** *Zeige mir deine Zähne.*	**Show me your nose.** *Zeige mir deine Nase.*	**Lift your shoulders.** *Hebe deine Schultern an.*

KOHL VERLAG Englisches Wortschatztraining Find the words – Bestell-Nr. 12 862

Clothes 1

→ ↓ ↘

1. shirt **2.** trousers **3.** skirt **4.** dress **5.** coat

6. pullover **7.** t-shirt **8.** cap **9.** jacket **10.** boots

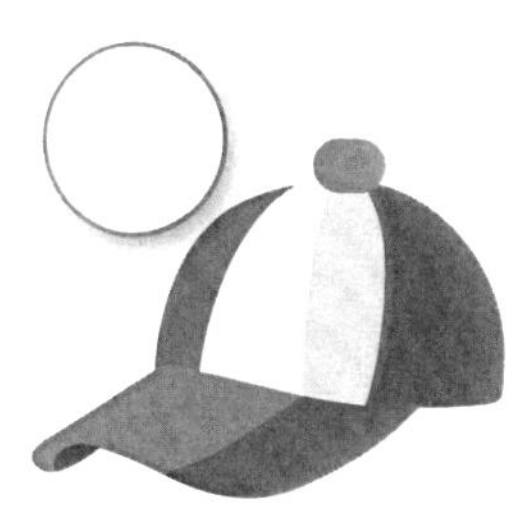

W	F	D	J	C	W	I	U	P	G	X	D	H	W	U
G	N	J	H	K	T	J	W	T	F	V	A	R	B	K
I	S	U	M	G	S	I	T	H	Y	D	O	C	O	F
D	S	G	T	S	S	H	Z	R	C	N	K	Y	O	K
X	K	I	J	P	P	M	I	N	O	R	N	Z	T	H
R	I	D	T	E	U	A	C	R	D	U	M	T	S	Q
X	R	S	G	A	L	T	K	V	T	F	S	H	R	I
J	T	Q	N	D	L	S	O	Z	R	U	X	E	P	G
H	A	V	R	I	O	H	C	H	Y	Z	Z	C	R	I
P	G	C	M	A	V	I	W	O	R	G	D	A	P	S
T	S	N	K	I	E	R	M	W	A	B	V	P	J	L
H	A	W	E	E	R	T	J	U	W	T	D	C	A	M
I	O	M	U	H	T	C	D	Y	H	S	X	L	H	A
S	Y	U	Z	P	O	R	C	W	N	U	T	U	N	Y
W	L	M	T	J	M	J	E	D	R	E	S	S	H	O

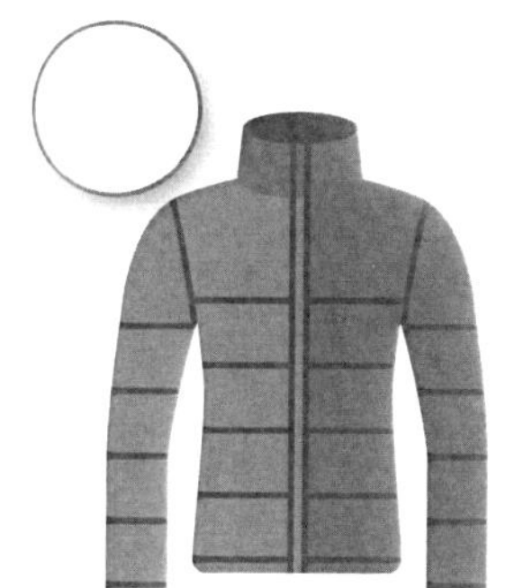

Clothes 2

skirt

coat

trousers

shorts

socks

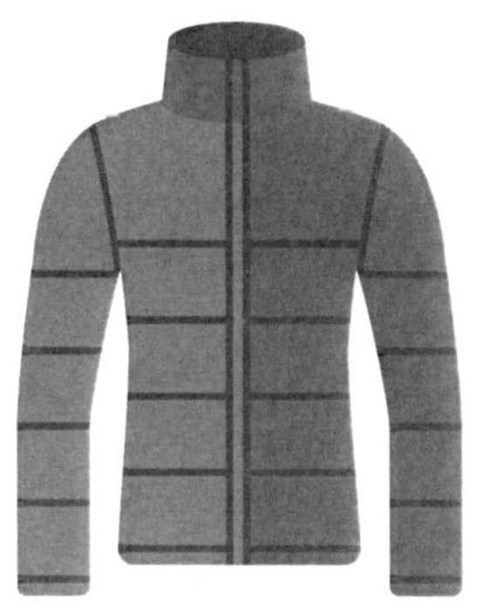
jacket

boots

cap

A piece of clothes with buttons – Usually men wear it.

shirt

A piece of clothes that covers both legs

trousers

A long outer clothing people wear over the clothes – It's to keep warm.

coat

A piece of clothes that covers both upper legs to the knees

shorts

They cover the feet …

socks

A short outer clothing people wear over the clothes – It's to keep warm.

jacket

They cover the feet and reach above the ankle – They keep warm in winter.

boots

It's a soft, flat sportive hat.

cap

Englisches Wortschatztraining
Find the words – Bestell-Nr. 12 862
KOHL VERLAG

Clothes 3

In my wardrobe

Partner A

"In my wardrobe, there is/*are* … *and* …"

pullover * dress * jacket * skirt * shirt * T-shirt * trousers * boots * jeans * coat * cap * socks * scarf * blouse

Partner B

Englisches Wortschatztraining
Find the words – Bestell-Nr. 12 862
KOHL VERLAG

At school 1

1. pencil **2.** pencil case **3.** eraser **4.** book
5. exercise book **6.** ruler **7.** pen **8.** felt-tip
9. folder **10.** school bag **11.** sharpener **12.** desk
13. chair **14.** board

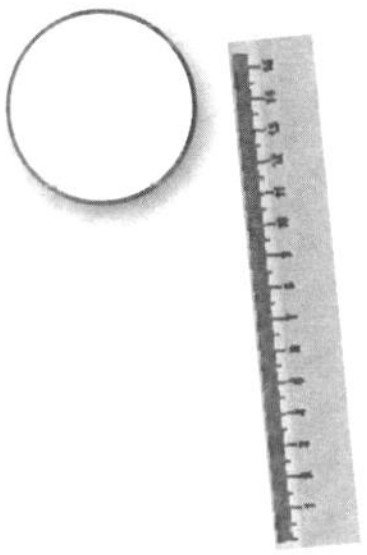

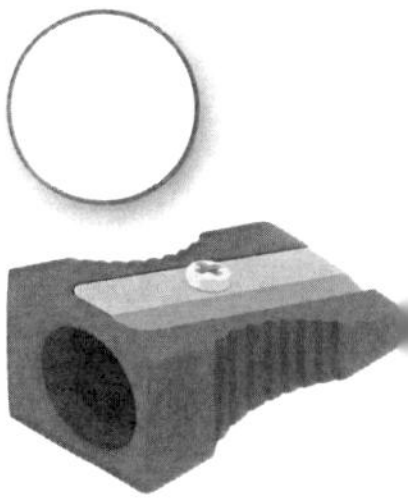

Q	G	R	E	D	U	C	W	D	B	Z	Z	A	E	V
C	N	U	P	X	S	P	F	D	E	S	K	A	R	F
H	V	L	G	E	E	H	I	E	I	L	S	I	A	S
A	E	E	C	D	N	R	A	T	L	U	S	O	S	W
I	L	R	U	A	S	C	C	R	N	T	Z	J	E	Y
R	X	H	E	V	H	P	I	I	P	C	T	R	R	N
G	P	T	K	O	Y	U	Y	L	S	E	R	I	V	B
P	E	N	C	I	L	C	A	S	E	E	N	N	P	S
N	J	J	U	F	F	W	F	U	L	L	B	E	I	S
U	F	Z	S	C	H	O	O	L	B	A	G	O	R	C
R	S	O	B	O	A	R	D	U	H	M	R	A	O	G
B	Z	Y	L	A	E	C	G	B	M	S	P	Z	E	K
J	H	H	G	D	D	O	B	O	E	C	L	E	X	S
S	I	A	T	P	E	E	M	O	E	G	F	L	N	E
N	D	Q	V	D	G	R	F	K	K	U	U	O	T	H

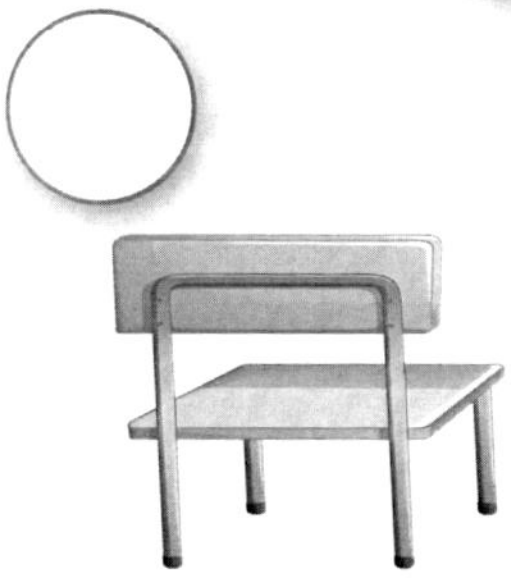

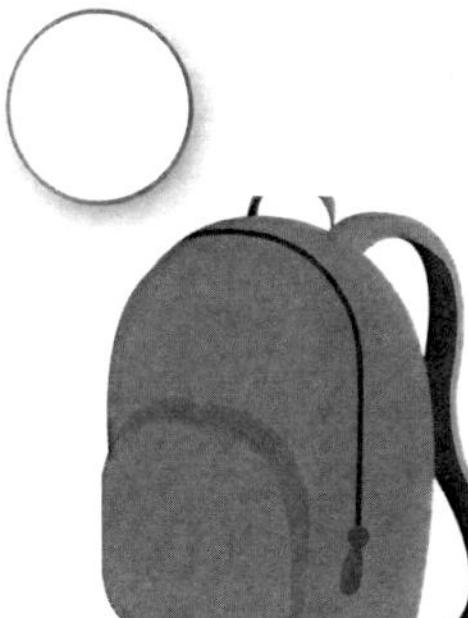

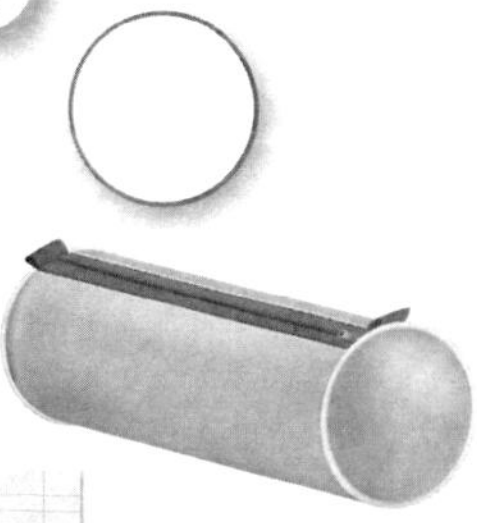

KOHL VERLAG Lernen mit Erfolg
Englisches Wortschatztraining
Find the words – Bestell-Nr. 12 862

At school 2

Partner A *Partner A says: "Number 3 is a felt-tip."*

1	2	3	4
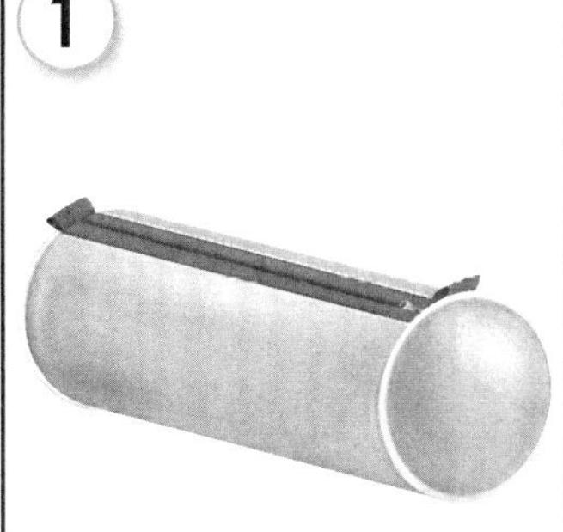 pencil case	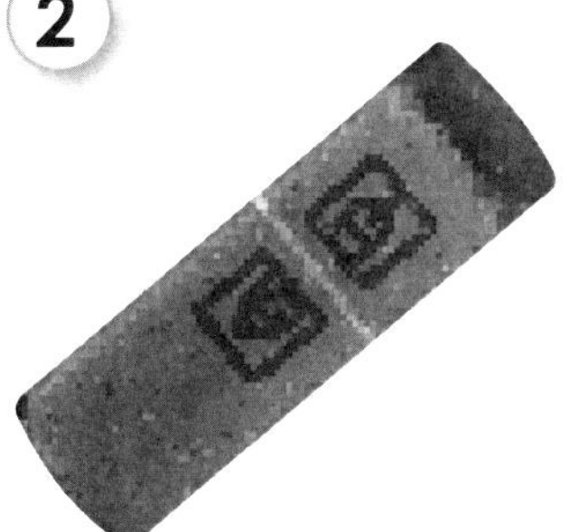 eraser	 felt-tip	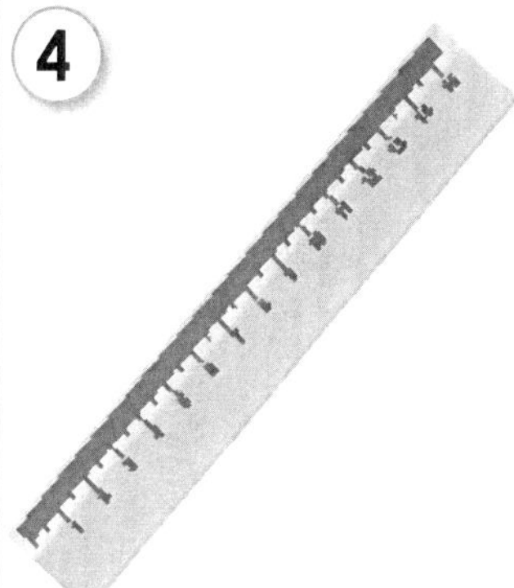 ruler
5	**6**	**7**	**8**
 folder	 school bag	 exercise book	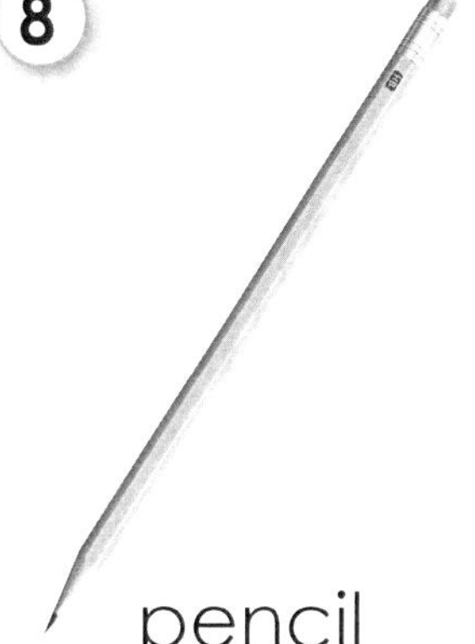 pencil

Partner B

1	2	3	4
5	**6**	**7**	**8**

Englisches Wortschatztraining
Find the words – Bestell-Nr. 12 862
KOHL VERLAG

At school 3

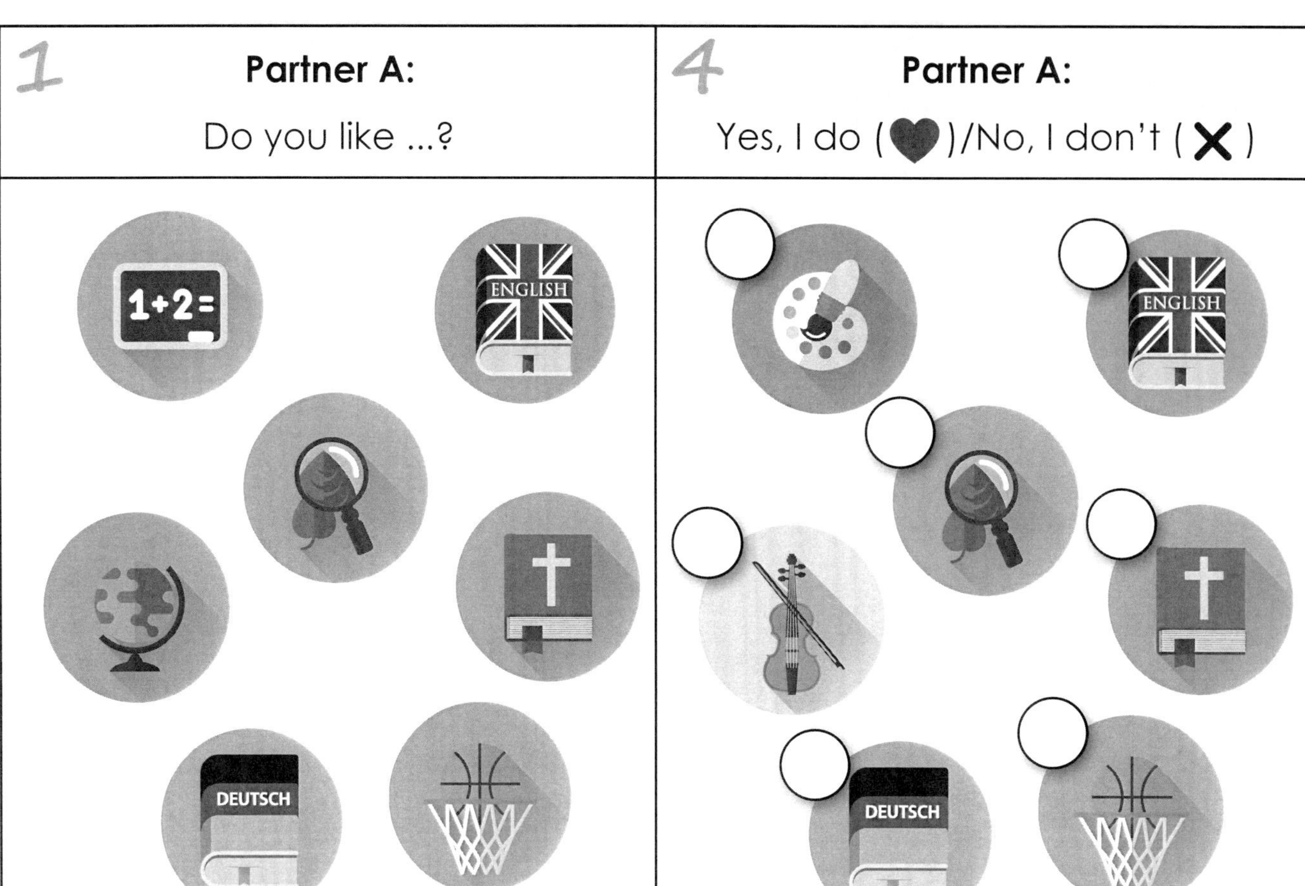

2 **Partner B:** Yes, I do (♥)/No, I don't (X)	3 **Partner B:** Do you like ...?

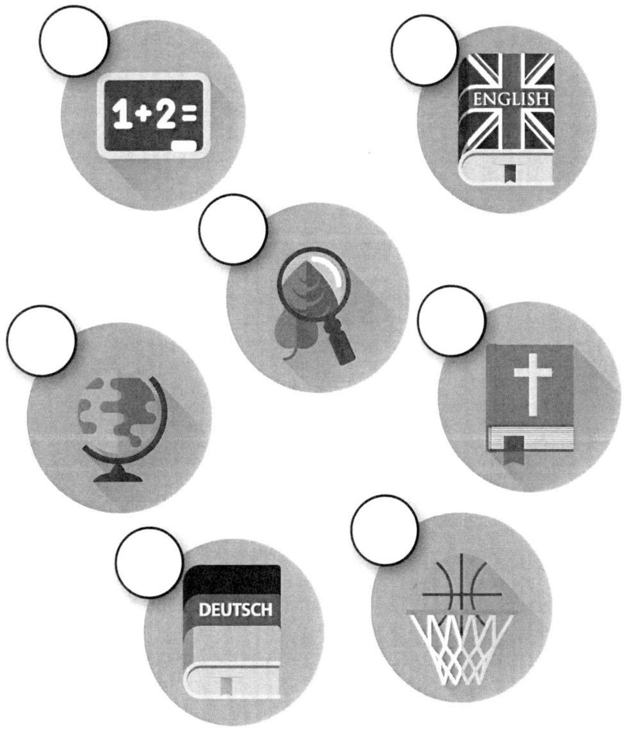

KOHL VERLAG Lernen mit Erfolg
Englisches Wortschatztraining
Find the words – Bestell-Nr. 12 862

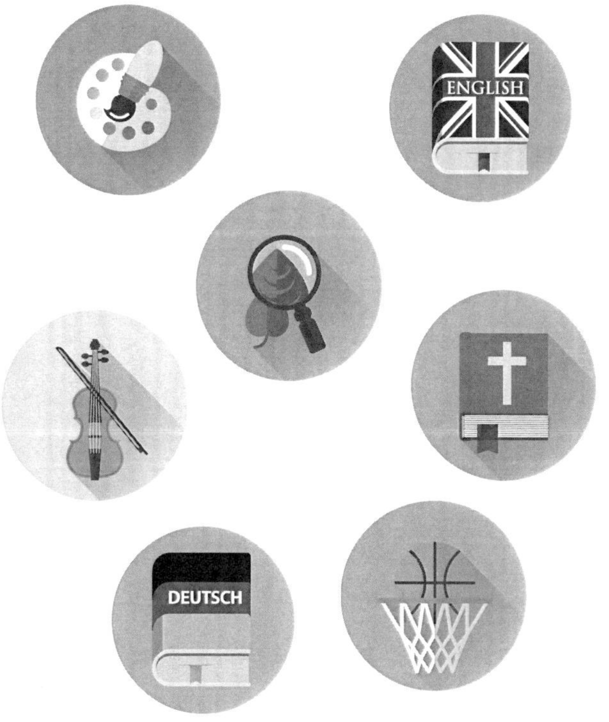

At home 1

1. roof **2.** kitchen **3.** living room **4.** bathroom

5. bedroom **6.** stairs **7.** window **8.** door **9.** garden

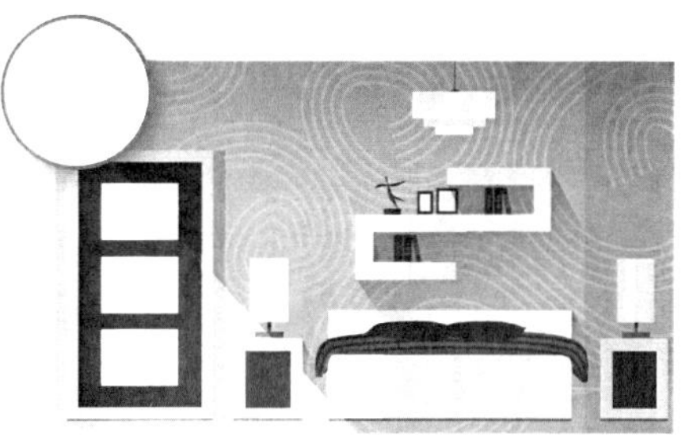

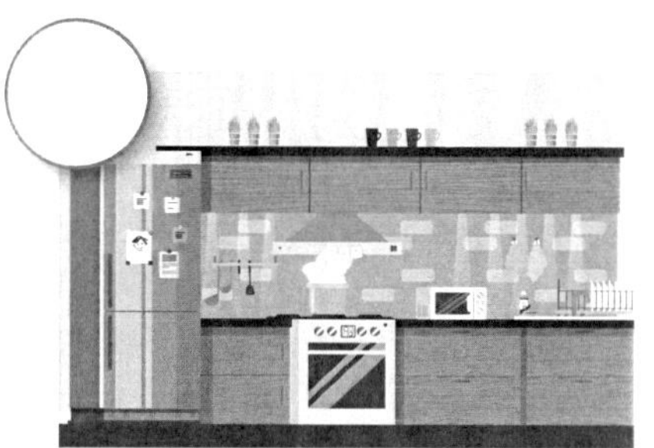

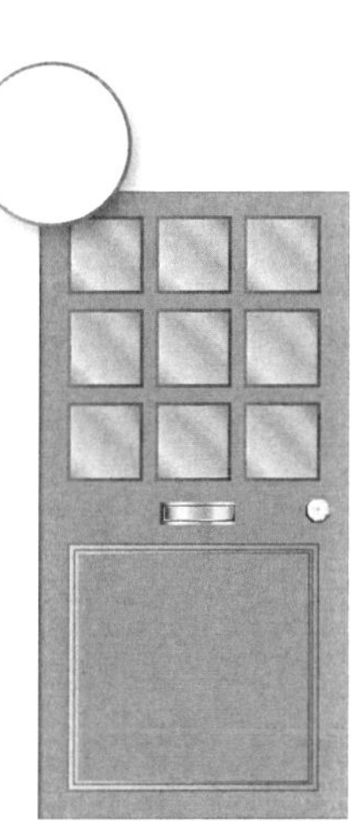

Q	L	N	T	N	L	P	O	U	K	B	B	U	X	Q
G	N	W	E	L	W	K	B	K	P	C	E	F	N	A
U	I	H	S	J	I	I	R	D	O	O	R	H	S	O
S	D	S	B	U	X	V	N	I	Z	M	H	K	N	Y
Y	B	Z	S	K	L	M	I	D	Q	V	P	Z	I	L
K	D	E	Z	F	P	E	I	N	O	T	X	H	Y	K
I	D	G	A	R	D	E	N	E	G	W	O	B	I	X
T	S	F	C	F	O	W	T	B	B	R	C	D	P	Y
C	J	T	B	A	T	H	R	O	O	M	O	L	O	U
H	H	H	A	O	M	Z	O	Q	Y	T	M	O	O	M
E	K	X	U	I	C	D	H	R	T	D	T	T	M	W
N	D	X	C	O	R	H	D	R	O	Y	S	Q	L	N
U	D	U	Y	X	S	S	F	X	X	O	U	F	T	P
U	Q	I	N	B	E	D	R	O	O	M	F	F	J	I
Q	K	Z	P	G	C	K	E	M	E	I	T	K	T	T

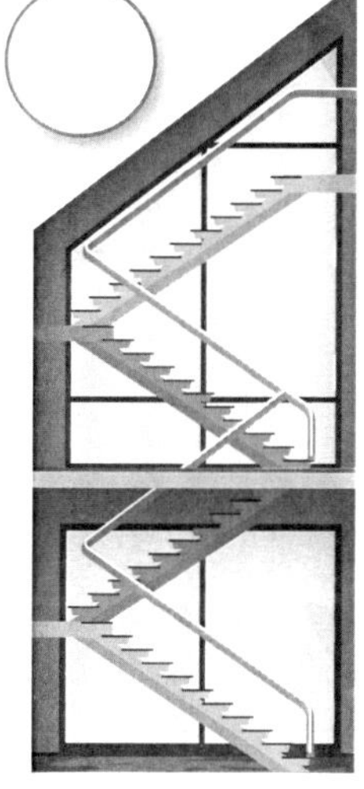

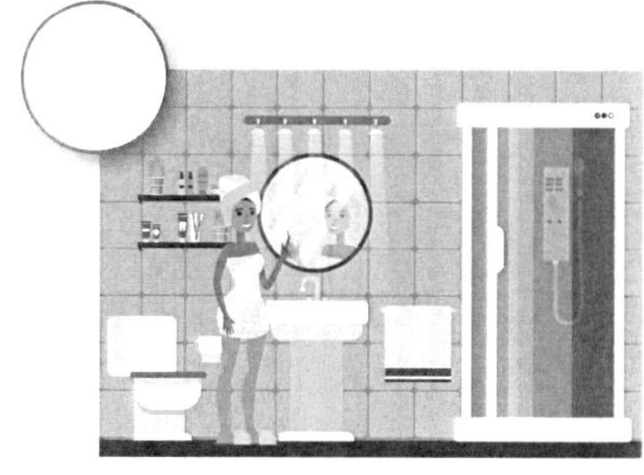

Englisches Wortschatztraining
Find the words – Bestell-Nr. 12 862
KOHL VERLAG

At home 2

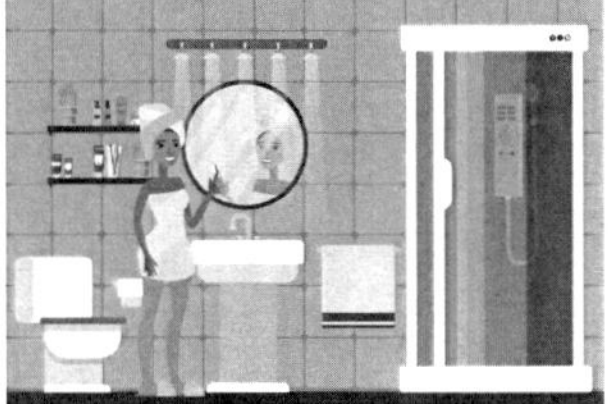

bathroom

kitchen

living room

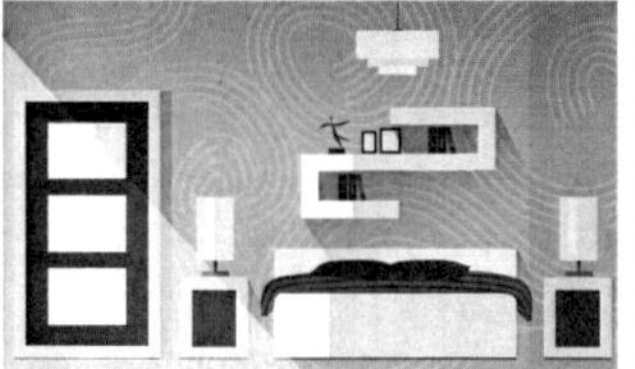

bedroom

dining room

attic

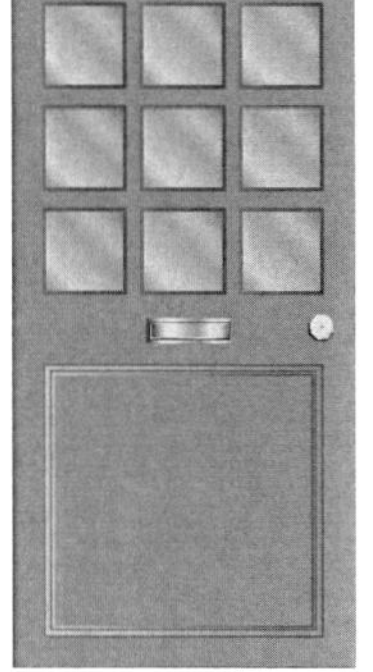

door

balcony

You take a shower there.

bathroom

You prepare the meals there.

kitchen

You can open or close it.

door

You and the family eat there.

dining room

There is a sofa and a TV.

living room

Your parents sleep there.

bedroom

a platform outside of the house

balcony

a room inside a roof of a house

attic

Englisches Wortschatztraining
Find the words – Bestell-Nr. 12 862
KOHL VERLAG

At home 3

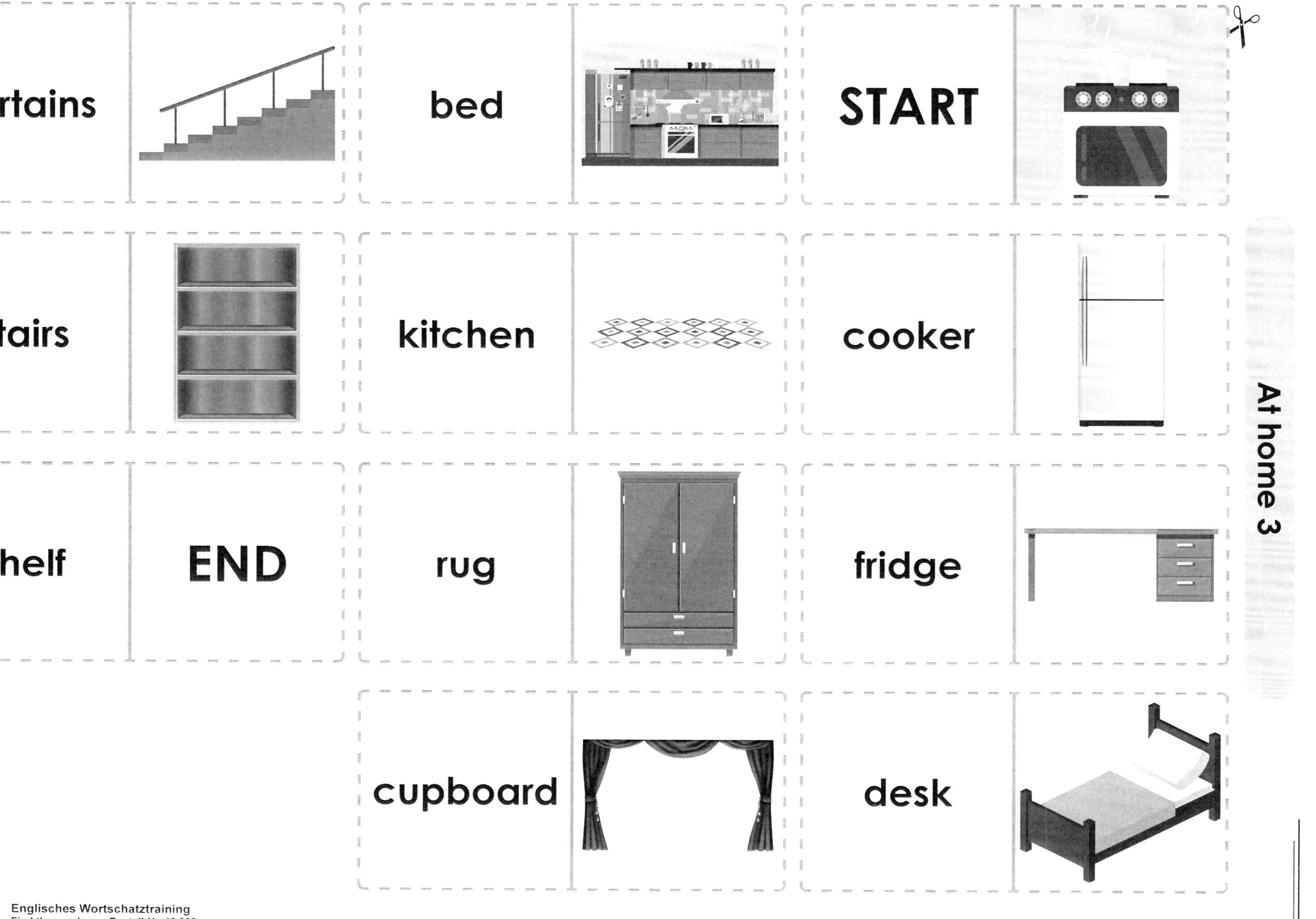

KOHL VERLAG
Englisches Wortschatztraining
Find the words – Bestell-Nr. 12 862

Food and drinks 1

1. chips **2.** pasta **3.** pizza **4.** chicken **5.** rice
6. salad **7.** potatoes **8.** fish **9.** eggs **10.** soup
11. sausage **12.** bacon

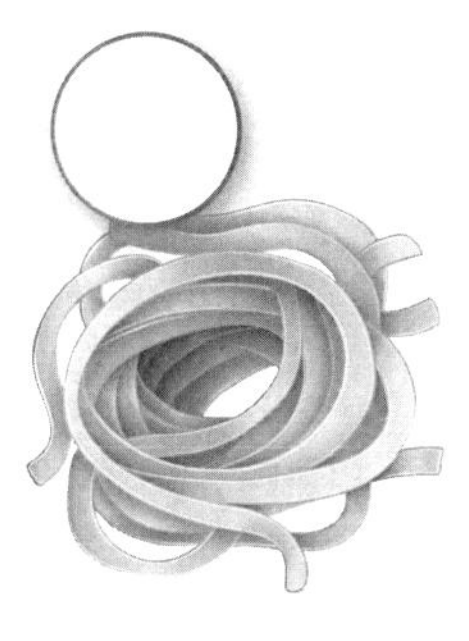

G	R	J	C	H	I	P	S	P	N	Y	I	Q	U	D
B	C	S	K	L	X	G	A	O	U	P	A	S	T	A
O	P	S	U	D	B	A	C	O	N	O	B	L	W	I
B	E	Z	A	G	W	A	Y	D	Y	G	N	J	Y	J
F	Q	S	H	L	G	T	Q	T	A	L	D	A	K	U
I	X	Y	P	C	A	S	U	F	A	D	E	A	P	Y
S	I	J	Q	K	H	D	V	A	V	D	A	N	P	I
H	P	N	C	Z	Y	I	S	A	U	S	A	G	E	Q
A	O	A	K	H	W	V	P	S	O	U	P	C	U	R
M	T	H	S	H	I	F	Y	S	T	M	H	E	W	P
P	A	F	X	K	F	C	X	I	R	X	W	B	P	C
W	T	D	E	A	M	V	K	S	I	I	C	B	I	H
Z	O	X	Q	G	U	D	M	E	Y	E	C	B	Z	F
J	E	B	F	I	G	P	G	D	N	J	Z	N	Z	F
O	S	N	A	L	W	S	P	R	I	C	E	E	A	Y

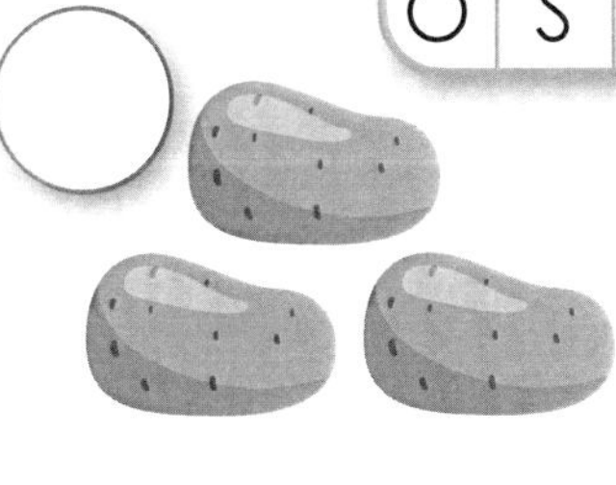

KOHL VERLAG
Englisches Wortschatztraining
Find the words – Bestell-Nr. 12 862

Food and drinks 2

1. milk **2.** cucumber **3.** tomato **4.** beans
5. strawberry **6.** banana **7.** apple **8.** raspberry
9. tea **10.** cake **11.** bread **12.** roll **13.** orange juice

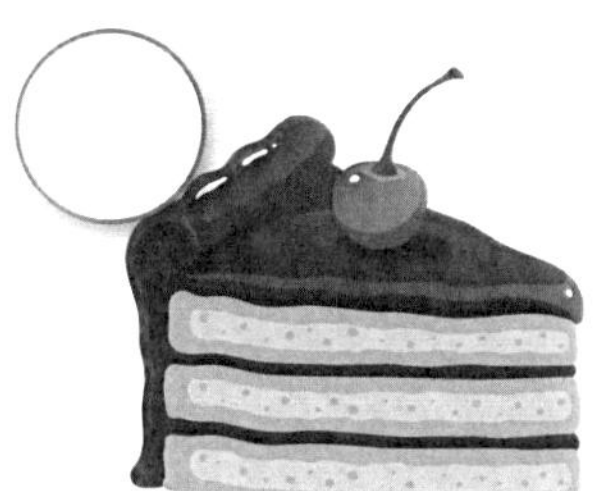

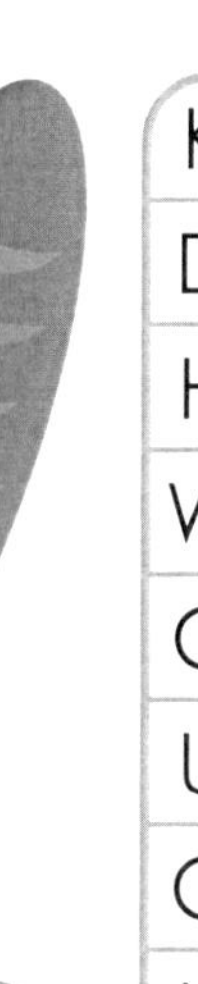

K	R	A	S	P	B	E	R	R	Y	B	A	Z	Z	J
D	X	V	F	O	J	H	R	J	F	H	S	R	C	C
H	O	R	A	N	G	E	J	U	I	C	E	O	T	G
W	G	K	M	A	H	Z	F	W	T	X	B	L	B	H
C	Y	G	I	L	X	U	S	N	O	O	D	L	Q	Q
U	U	R	L	U	A	W	T	J	C	A	M	F	H	P
C	T	H	K	J	Y	L	R	K	K	A	P	A	B	N
U	B	E	A	N	S	R	A	I	B	B	K	B	T	M
M	B	V	B	Z	V	C	W	P	R	X	T	E	S	O
B	B	W	K	X	F	U	B	C	E	Q	P	N	A	E
E	C	A	R	R	R	H	E	R	A	C	Y	H	H	N
R	A	K	N	T	K	O	R	B	D	C	C	Q	Z	M
T	U	R	K	A	I	G	R	J	C	V	U	A	K	N
J	I	Y	A	M	N	A	Y	U	A	P	P	L	E	T
A	T	E	A	C	B	A	U	I	U	W	O	A	S	W

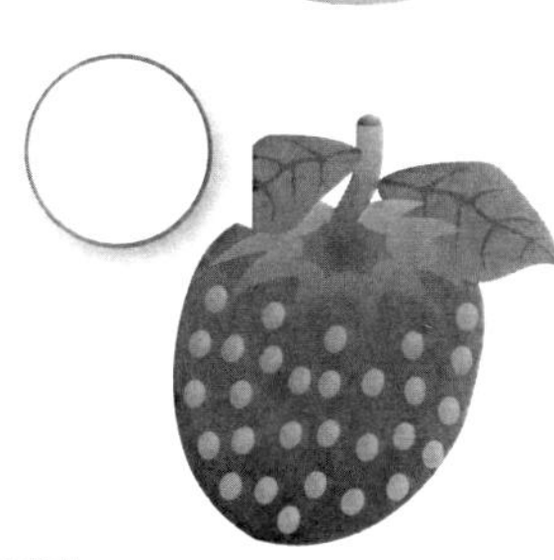

Englisches Wortschatztraining
Find the words – Bestell-Nr. 12 862
KOHL VERLAG

Food and drinks 3

Partner A

A: Do you like …?
B: Yes, I do./*No, I don't.*

A: Do you like …?
B: Yes, I do./*No, I don't.*

A: Do you like …?
B: Yes, I do./*No, I don't.*

A: What's your favourite food?
B: My favourite food is …

Partner B

A: Do you like …?
B: Yes, I do./*No, I don't.*

A: Do you like …?
B: Yes, I do./*No, I don't.*

A: Do you like …?
B: Yes, I do./*No, I don't.*

A: What's your favourite food?
B: My favourite food is …

Pets and farm animals 1

1. hamster **2.** guinea pig **3.** cat **4.** dog
5. horse **6.** cow **7.** chicken **8.** goose **9.** sheep
10. goat **11.** donkey **12.** duck **13.** pig
14. budgie **15.** parrot

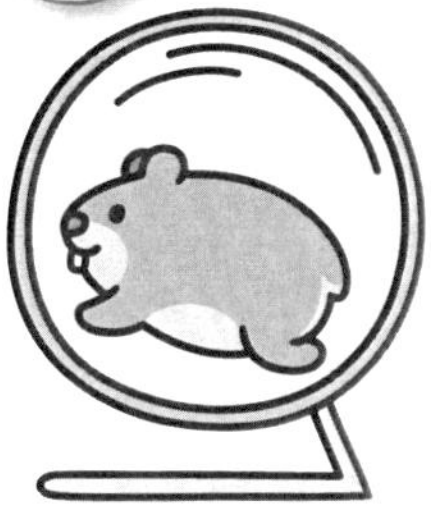

X	N	Z	W	I	L	J	M	W	A	H	W	C	M	U
D	O	G	R	I	D	O	N	K	E	Y	T	M	X	R
G	G	S	Q	S	O	A	P	L	D	I	A	X	M	N
Z	U	G	B	T	H	U	M	O	C	U	G	R	X	F
Z	I	J	I	U	I	E	A	R	H	R	C	C	A	T
E	N	V	J	G	D	W	E	S	I	K	X	K	A	O
R	E	U	P	U	V	G	Q	P	C	Z	H	W	D	E
Z	A	T	P	D	B	D	I	Y	K	E	O	P	M	U
S	P	W	I	T	G	K	B	E	E	E	R	L	A	P
C	I	T	G	S	O	J	G	P	N	M	S	C	P	A
D	G	G	Y	H	A	I	R	G	X	R	E	Q	C	R
U	O	B	O	Z	T	Q	K	E	S	R	I	O	K	R
E	C	D	H	O	H	H	A	M	S	T	E	R	O	O
J	R	O	R	R	S	Z	E	Q	D	B	A	Z	A	T
I	M	C	W	G	D	E	N	U	T	N	U	R	R	H

Englisches Wortschatztraining
Find the words – Bestell-Nr. 12 862
KOHL VERLAG

Pets and farm animals 2

		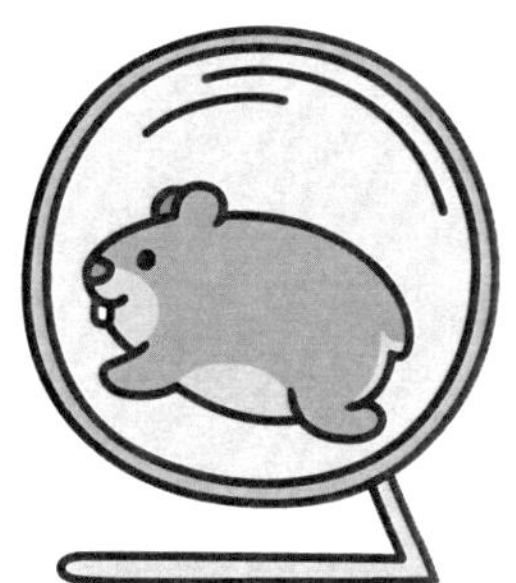	
dog	cat	hamster	duck

pig	chicken	horse	cow

It's an animal with 4 legs living with people. Its sound is "WOOF".	**It's an animal with 4 legs living with people. Its sound is "MEOW"**	**It's a large animal on a farm. People use it for riding.**	**It's a large animal on a farm. People keep it for giving milk.**
dog	cat	horse	cow
It's a pink animal on a farm with short legs and a curved tail.	**It's a small animal on a farm with feathers. People keep it for its eggs.**	**This animal looks a bit like a mouse. It can store food in its mouth.**	**It's a small animal with feathers. It likes swimming in the water.**
pig	chicken	hamster	duck

Englisches Wortschatztraining
Find the words – Bestell-Nr. 12 862
KOHL VERLAG

Pets and farm animals 3

Partner A

?

A: Do you have a pet?
B: ______________________________

A: What's your pet's name?
B: ______________________________

A: What's your favourite pet?
B: ______________________________

!

B: ______________________________
A: Yes, I do./*No, I don't.*

B: ______________________________
A: His/*Her name is ...*

B: ______________________________
A: My favourite pet ist ...

Partner B

!

A: ______________________________
B: Yes, I do./*No, I don't.*

A: ______________________________
B: His/*Her name is ...*

A: ______________________________
B: My favourite pet ist ...

?

B: Do you have a pet?
A: ______________________________

B: What's your pet's name?
A: ______________________________

B: What's your favourite pet?
A: ______________________________

KOHL VERLAG Englisches Wortschatztraining
Find the words – Bestell-Nr. 12 862

Wild animals 1

1. lion **2.** crocodile **3.** hippo **4.** giraffe
5. rhino **6.** tiger **7.** elephant **8.** snake **9.** deer
10. monkey **11.** shark **12.** buffalo **13.** bear
14. squirrel **15.** eagle

E	G	J	M	O	N	K	E	Y	D	D	S	A	L	Q
Q	I	U	R	D	G	H	E	O	U	S	P	T	B	Z
S	R	G	X	S	G	X	B	N	T	B	H	J	E	X
P	A	C	W	E	Q	N	T	K	N	I	U	A	A	F
E	F	R	H	M	L	U	P	U	E	G	G	M	R	M
T	F	O	E	I	T	E	I	Y	A	W	Y	E	F	K
Q	E	C	W	M	P	B	P	R	R	S	W	L	R	Y
B	N	O	E	F	E	P	R	H	R	T	N	D	Q	G
U	L	D	U	E	N	L	O	A	A	E	A	A	J	M
F	O	I	R	U	A	M	G	A	E	N	L	H	K	Q
F	B	L	L	A	A	G	E	I	I	E	T	D	I	E
A	E	E	Z	I	F	W	L	P	H	X	U	U	P	V
L	A	M	R	D	O	X	X	E	U	R	H	I	N	O
O	K	S	Y	D	H	N	G	B	A	Q	C	S	T	U
J	I	P	Q	A	A	I	X	D	E	E	R	E	Y	C

Englisches Wortschatztraining – Find the words – Bestell-Nr. 12 862
KOHL VERLAG

Wild animals 2

 hippo	 lion	 snake	 elephant
 monkey	 giraffe	 shark	 tiger
It's a large and thick animal with pink skin living in Africa hippo	**It looks like a large, heavy cat. The male has got a brown mane.** lion	**It's a thin and very long animal without legs.** snake	**It's a very large animal. It's grey. It has got a trunk and big ears.** elephant
This animal looks like a human. monkey	**It's an African animal with long legs and a very long throat.** giraffe	**It's a big grey or white fish with big teeth. It eats meat.** shark	**It's a big cat living in Asia. It is orange with black stripes.** tiger

KOHL VERLAG
Englisches Wortschatztraining
Find the words – Bestell-Nr. 12 862

Wild animals 3

Partner A

"The __________ lives in __________."

elephant

giraffe

lion

Africa and Asia

Africa

Africa

Partner B

"The __________ lives in __________."

tiger

hippo

shark

Asia

Africa

every ocean

KOHL VERLAG Englisches Wortschatztraining Find the words – Bestell-Nr. 12 862

Freetime activities 1

1. football **2.** biking **3.** hiking **4.** horseriding
5. reading **6.** singing **7.** playing cards
8. playing computer games **9.** meeting friends
10. listening to music **11.** skiing **12.** baking

P	C	K	A	K	P	T	B	W	F	Z	R	L	C	I	K	R	H	D	L
X	L	B	X	Z	V	L	Z	W	R	M	J	W	I	R	W	C	B	C	I
S	U	A	S	C	I	Z	A	S	K	I	I	N	G	E	M	O	N	N	S
S	P	E	Y	N	B	P	O	Y	I	U	S	G	Q	A	S	U	H	I	T
E	I	L	W	I	P	H	T	K	I	A	Y	X	O	D	A	F	O	U	E
S	G	N	Y	K	N	E	L	H	D	N	E	D	R	I	I	E	R	M	N
M	Q	P	G	S	B	G	P	H	Q	T	G	B	B	N	B	V	S	L	I
E	Q	U	E	I	O	D	C	D	I	D	B	C	F	G	G	O	E	I	N
E	O	W	G	Q	N	R	J	O	G	O	N	O	A	P	L	U	R	M	G
T	O	R	D	K	K	G	T	N	M	Q	T	F	K	R	D	Q	I	O	T
I	I	K	K	B	E	N	I	R	W	P	G	E	O	C	D	C	D	Q	O
N	S	G	G	E	A	D	B	K	A	U	U	N	I	H	F	S	I	X	M
G	Q	N	M	K	J	K	Q	Q	L	P	F	T	Z	R	A	A	N	S	U
F	J	Y	Y	N	B	Y	I	R	V	A	M	U	E	P	E	S	G	B	S
R	Z	P	K	S	V	N	B	N	L	J	J	I	O	R	R	M	H	R	I
I	T	Y	D	J	D	A	R	T	G	L	I	X	R	E	G	R	Y	H	C
E	I	O	E	G	T	P	X	E	X	I	L	I	O	H	L	A	D	D	S
N	E	H	I	K	I	N	G	J	Z	E	B	I	K	I	N	G	M	L	G
D	S	V	A	U	W	E	A	N	M	A	Z	B	S	O	K	G	P	E	S
S	G	B	E	Q	P	C	F	O	O	T	B	A	L	L	V	I	E	F	S

Englisches Wortschatztraining
Find the words – Bestell-Nr. 12 862

Freetime activities 2

playing with the dog		watching films		START	
gardening		ice skating		basketball	
playing the guitar	END	inline skating		table tennis	
		swimming		going to the cinema	 

Freetime activities 3

Partner A

A: Do you like …?
B: Yes, I do./*No, I don't.*

A: Do you like …?
B: Yes, I do./*No, I don't.*

A: Do you like …?
B: Yes, I do./*No, I don't.*

A: What's your favourite activity?
B: My favourite activity is …

Partner B

A: Do you like …?
B: Yes, I do./*No, I don't.*

A: Do you like …?
B: Yes, I do./*No, I don't.*

A: Do you like …?
B: Yes, I do./*No, I don't.*

A: What's your favourite activity?
B: My favourite activity is …

Weather 1

→ ↓ ↘

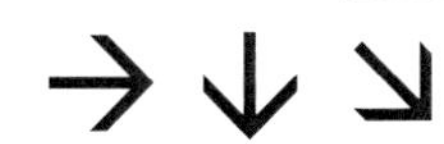

1. sunny **2.** rainy **3.** foggy **4.** snowy **5.** windy
6. thunderstorm **7.** lightning **8.** rainbow **9.** cloudy
10. sunglasses **11.** sun hat **12.** umbrella

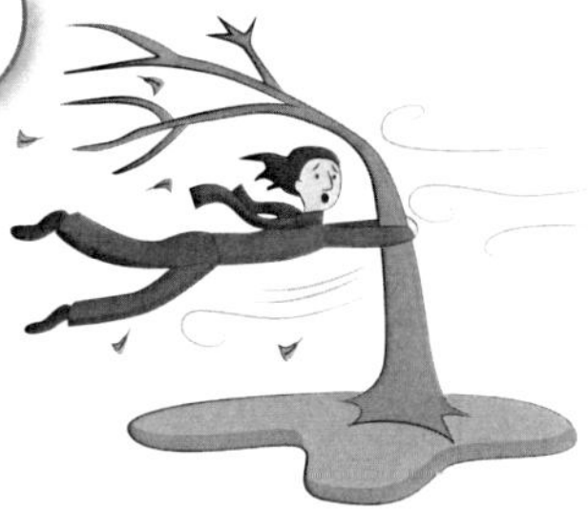
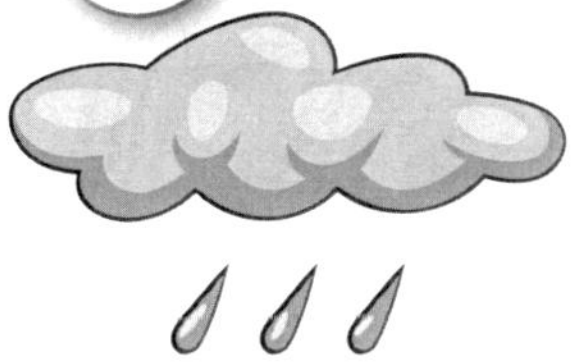
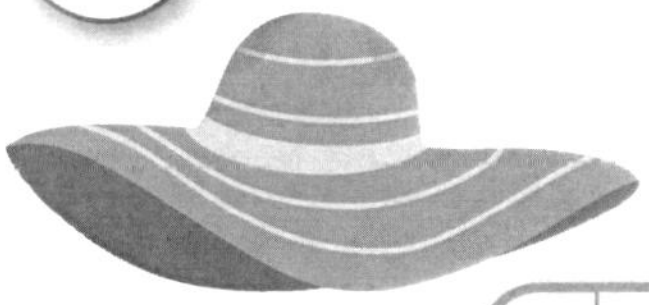
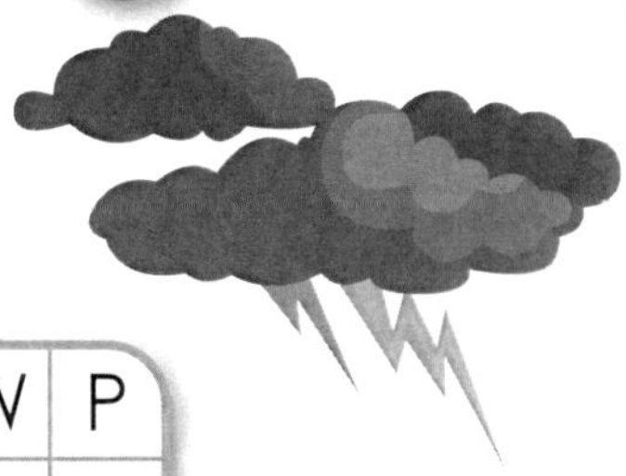
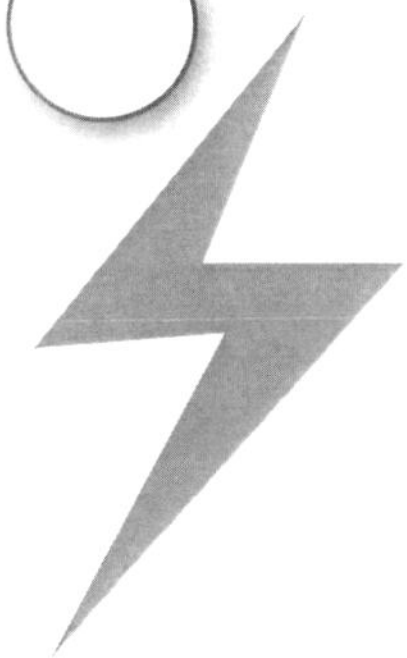
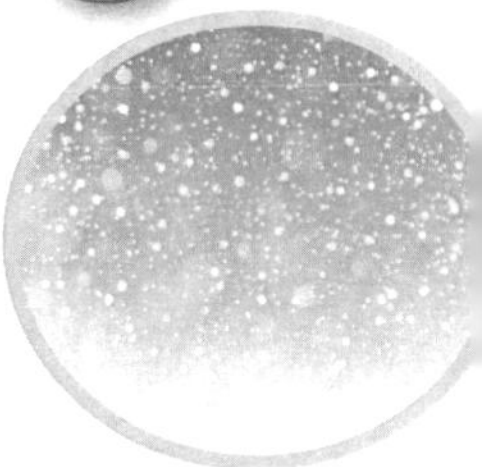

I	V	G	W	N	F	Y	D	T	F	I	U	P	W	P
E	R	C	O	L	I	G	H	T	N	I	N	G	R	W
Q	D	L	D	E	E	R	L	F	O	N	P	B	A	R
K	S	O	S	J	S	T	E	V	F	K	Y	E	P	A
R	V	U	S	N	E	U	Z	F	W	I	N	D	Y	I
A	Y	D	U	Z	O	P	N	K	O	R	K	R	X	N
I	F	Y	S	M	W	W	N	G	O	G	T	S	Q	B
N	S	D	P	Y	L	L	Y	O	L	G	G	E	J	O
Y	U	M	B	R	E	L	L	A	L	A	A	Y	W	W
L	R	Y	C	D	Y	J	W	U	A	Y	S	S	H	K
S	J	D	B	S	W	S	M	J	S	J	F	S	L	T
U	U	N	F	I	S	U	N	H	A	T	P	T	E	J
N	Q	C	F	T	W	L	N	S	Z	I	O	F	S	S
N	A	T	H	U	N	D	E	R	S	T	O	R	M	B
Y	A	S	D	J	V	H	U	Z	N	S	M	X	N	A

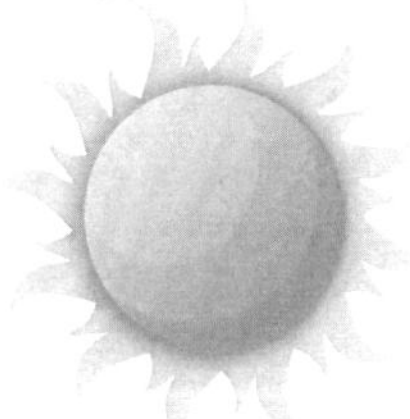
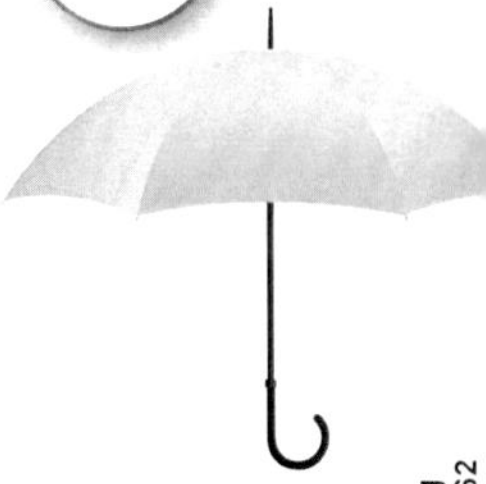
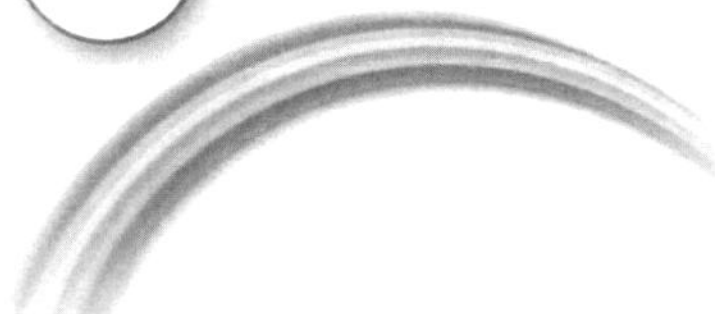
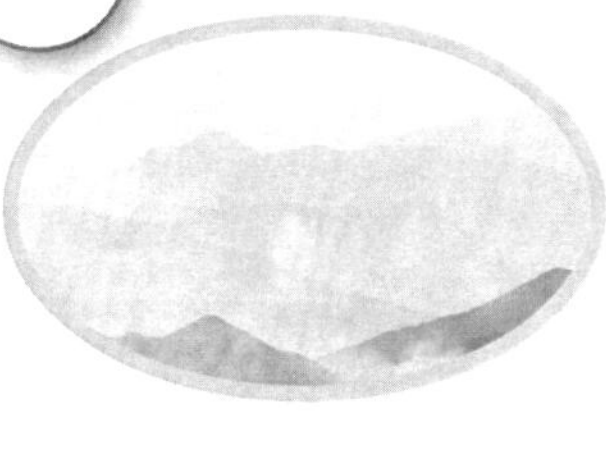
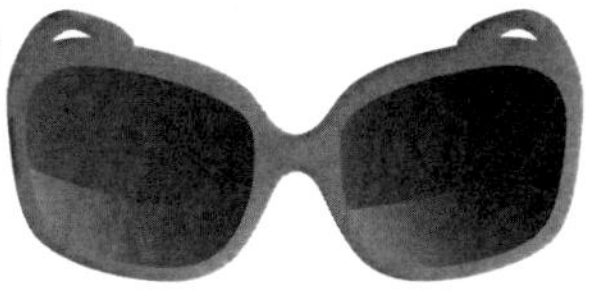

KOHL VERLAG
Englisches Wortschatztraining
Find the words – Bestell-Nr. 12 862

Weather 2

It's sunny.
It's cloudy.
It's windy.
It's snowy.
It's rainy.
There's a rainbow.
There's a thunderstorm.
It's foggy.

Weather 3

Partner A

?

What do you wear when it's _____?

!

When it's snowy, I wear _____, _____ and _____.

?

What do you wear when it's _____?

!

When it's cloudy, I wear _____, _____ and _____.

Partner B

!

When it's sunny, I wear _____, _____ and _____.

?

What do you wear when it's _____?

!

When it's rainy, I wear _____, _____ and _____.

?

What do you wear when it's _____?

Englisches Wortschatztraining – Bestell-Nr. 12 862
Find the words
KOHL VERLAG

Throughout the year 1

→ ↓ ↘

1. summer **2.** spring **3.** autumn **4.** winter
5. January **6.** February **7.** March **8.** April **9.** May
10. June **11.** July **12.** August **13.** September
14. October **15.** November **16.** December

C	J	A	R	A	D	E	C	E	M	B	E	R	O	I
X	U	H	W	L	U	K	C	I	P	D	A	F	E	Q
J	L	A	U	G	U	S	T	A	U	Y	O	A	R	O
N	Y	S	W	Q	I	V	K	E	T	T	Z	J	M	C
S	E	Q	E	B	W	F	M	A	R	C	H	A	I	T
U	N	N	I	P	W	I	F	K	E	E	Y	N	O	O
M	T	O	C	Y	T	M	N	E	C	M	A	U	L	B
M	T	J	V	C	N	E	J	T	B	Y	Y	A	A	E
E	M	T	D	E	K	O	M	U	E	R	I	R	S	R
R	S	A	Z	P	M	A	A	B	B	R	U	Y	Z	H
H	R	P	S	C	O	B	D	P	E	G	C	A	V	M
E	A	F	R	K	R	Q	E	T	R	R	X	Z	R	A
S	V	E	H	I	A	O	D	R	G	I	T	S	Z	Y
J	O	U	E	T	N	E	Z	F	Z	G	L	E	J	B
A	U	T	U	M	N	G	D	G	J	U	N	E	F	Y

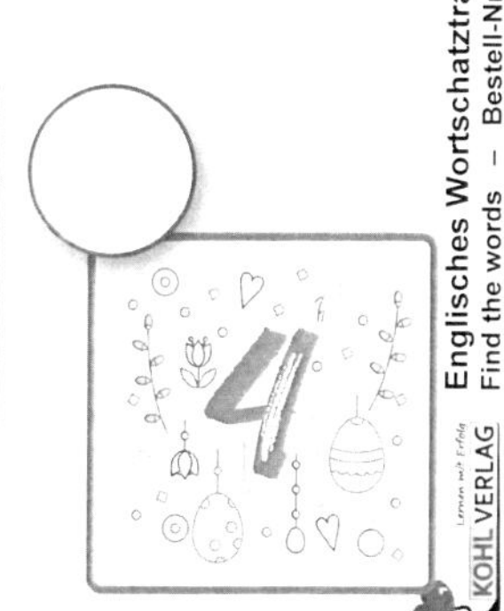

Englisches Wortschatztraining – Bestell-Nr. 12 862
Find the words
KOHL VERLAG

Throughout the year 2

Partner A

Partner B

Throughout the year 3

Partner A

? 1	! 4
What's your favourite season?	**My favourite season is ...**
  	spring autumn summer winter

Partner B

! 2	? 3
My favourite season is ...	**What's your favourite season?**
spring autumn summer winter	   

KOHL VERLAG Englisches Wortschatztraining
Find the words – Bestell-Nr. 12 862

Colours 1

1. brown **2.** black **3.** red **4.** yellow **5.** green
6. blue **7.** purple **8.** pink **9.** white **10.** grey
11. colourful **12.** orange

S	W	G	R	E	E	N	F	Z	O	S	O	W	P	X
E	K	E	A	A	Q	Z	O	P	N	B	R	X	V	I
B	N	O	U	A	Q	F	E	I	T	K	A	J	T	E
N	E	M	T	K	B	H	E	N	Z	L	N	Q	W	R
L	G	O	C	E	M	L	Y	K	L	D	G	U	E	P
D	B	R	P	O	X	B	A	Y	Y	B	E	L	S	I
X	V	B	E	E	L	I	N	C	C	T	Z	B	T	W
H	R	R	K	Y	Y	O	P	M	K	I	E	R	A	H
P	U	R	P	L	E	L	U	I	S	I	U	O	W	I
W	M	Y	S	A	L	S	K	R	O	M	Z	W	K	T
Q	E	B	E	L	I	S	A	K	F	L	G	N	G	E
N	D	Q	I	L	U	M	D	B	A	U	S	I	P	E
P	H	H	Q	O	L	G	P	U	I	E	L	D	M	I
I	C	Y	I	K	O	O	V	U	O	A	E	D	I	U
E	B	L	U	E	V	S	W	X	R	E	D	H	T	W

KOHL VERLAG Englisches Wortschatztraining
Find the words – Bestell-Nr. 12 862

Colours 2

Partner A

Henry/*Grace* has ...	... hair
Henry/*Grace* wears ...	stripes * pullover * heart * trousers/jeans * shoes

red * blond * yellow * green * pink * blue * orange * purple * black

---

Partner B

Orson/*Molly* has ...	... hair
Orson/*Molly* wears ...	stripes * pullover * heart * trousers/jeans * shoes

grey * red * pink * yellow * brown * blue * black

Englisches Wortschatztraining
Find the words – Bestell-Nr. 12 862
KOHL VERLAG

Colours 3

Partner A

"Butterfly number _____ has ________ small wings and ________ big wings. The thorax is _________."

small wings

big wings

thorax

Partner B

"Butterfly number _____ has ________ small wings and ________ big wings. The thorax is _________."

small wings

big wings

thorax

Englisches Wortschatztraining
Find the words – Bestell-Nr. 12 862
KOHL VERLAG

Numbers 1

1. nineteen **2.** nine **3.** fifteen **4.** two **5.** eighteen
6. twenty **7.** three **8.** five **9.** thirteen **10.** fourteen
11. seventeen **12.** seven **13.** ten **14.** twelve **15.** one
16. four **17.** sixteen **18.** eleven **19.** six **20.** eight

H	I	U	E	L	D	H	E	A	U	X	L	C	I	N	P	S	I	I	T
L	E	U	L	R	K	Z	S	S	K	T	E	N	D	O	D	W	K	T	Q
E	E	C	E	E	M	M	R	E	J	M	C	O	G	N	M	S	R	H	D
D	E	B	V	X	I	V	S	V	I	R	T	N	A	E	I	W	I	I	A
G	V	M	E	R	R	G	O	E	H	Y	D	I	E	Y	Y	N	F	R	S
T	H	I	N	W	T	R	H	N	G	E	S	N	P	F	G	I	B	T	O
H	O	W	O	T	O	W	Q	T	O	R	J	E	C	D	T	N	P	E	H
R	A	H	K	N	S	M	E	G	E	A	M	T	F	M	F	E	Y	E	W
E	P	E	R	V	P	O	C	L	K	E	S	E	K	I	L	T	Q	N	U
E	D	W	O	S	N	Q	M	V	V	V	N	E	Y	I	F	E	J	K	E
G	W	Y	T	P	E	F	F	C	A	E	O	N	K	T	B	T	W	H	D
S	F	F	U	E	L	V	Z	T	W	E	N	T	Y	N	F	C	E	R	K
D	O	J	S	A	C	W	E	D	X	I	X	F	P	L	S	A	Q	E	K
C	U	O	W	I	X	H	I	N	L	L	U	T	I	C	K	Z	Z	E	N
X	R	G	P	B	X	I	A	L	T	S	I	X	T	V	O	L	P	I	H
M	T	Y	K	T	L	T	S	I	T	E	O	V	Y	S	E	F	N	G	L
W	E	Q	T	U	D	Y	E	O	I	R	E	G	S	D	S	O	O	H	S
C	E	H	Z	T	X	H	X	E	G	Z	O	N	I	E	I	U	K	T	J
Z	N	L	J	W	I	J	F	K	N	K	V	N	U	F	W	R	G	N	M
J	U	V	J	O	D	G	N	Q	L	H	Y	F	R	G	P	G	G	S	Y

KOHL VERLAG
Englisches Wortschatztraining
Find the words – Bestell-Nr. 12 862

Numbers 2

Partner A

A	B	C	D	E	F	G	H	I	J	K	L	M
7	4	15	20	16	10	26	5	9	21	13	19	6
N	**O**	**P**	**Q**	**R**	**S**	**T**	**U**	**V**	**W**	**X**	**Y**	**Z**
14	1	24	17	2	22	12	25	11	8	18	23	3

a) 24 – 9 – 14 – 16 – 7 – 24 – 24 – 19 – 16 (PINEAPPLE)

b) ☐ ☐ ☐ ☐ ☐ ☐ ☐

c) 26 – 2 – 7 – 14 – 20 – 24 – 7 (GRANDPA)

d) ☐ ☐ ☐ ☐ ☐ ☐ ☐ ☐

e) 15 – 5 – 9 – 15 – 13 – 16 – 14 (CHICKEN)

f) ☐ ☐ ☐ ☐ ☐ ☐ ☐ ☐

Partner B

A	B	C	D	E	F	G	H	I	J	K	L	M
7	4	15	20	16	10	26	5	9	21	13	19	6
N	**O**	**P**	**Q**	**R**	**S**	**T**	**U**	**V**	**W**	**X**	**Y**	**Z**
14	1	24	17	2	22	12	25	11	8	18	23	3

a) ☐ ☐ ☐ ☐ ☐ ☐ ☐ ☐ ☐

b) 13 – 9 – 12 – 15 – 5 – 16 – 14 (KITCHEN)

c) ☐ ☐ ☐ ☐ ☐ ☐ ☐

d) 25 – 6 – 4 – 2 – 16 – 19 – 19 – 7 (UMBRELLA)

e) 

f) 12 – 2 – 1 – 25 – 22 – 16 – 2 – 22 (TROUSERS)

Englisches Wortschatztraining
Find the words – Bestell-Nr. 12 862
KOHL VERLAG

Numbers 3

Partner A

Calling

Hello. It's _______ speaking.

How are you?

...

See you. Bye.

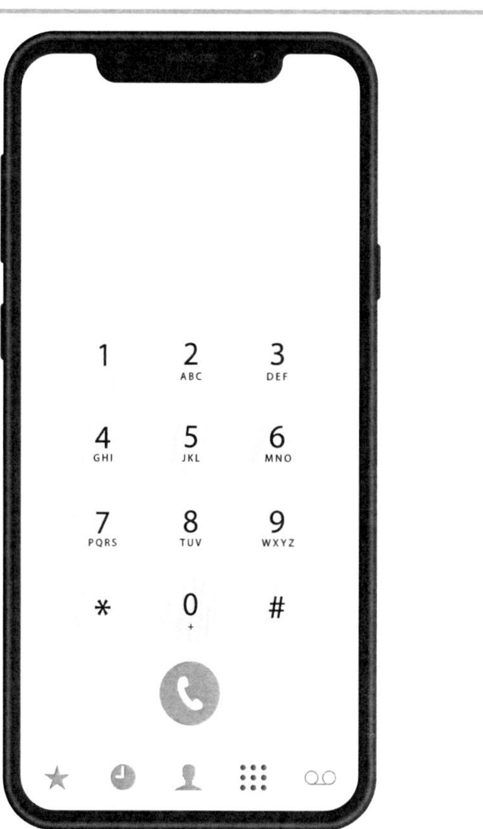

Partner B

Picking up the phone

Hi _______!

How are you?

...

See you. Bye.

Solutions

S. 7:

Y	C	E	P	W	U	S	I	P	U	H	O	E	V	A
B	D	P	O	S	B	T	I	F	R	O	H	T	**M**	W
U	H	O	L	R	U	H	C	S	L	P	I	C	**O**	Y
Q	E	H	J	A	**S**	T	**C**	**O**	**U**	**S**	**I**	**N**	**T**	L
N	I	V	A	W	R	**I**	H	S	Z	O	Q	R	**H**	G
W	L	B	I	Y	X	H	**S**	R	**F**	S	F	A	**E**	H
B	S	P	A	Y	R	S	O	**T**	E	**A**	H	B	**R**	F
B	**R**	**O**	**T**	**H**	**E**	**R**	O	L	**E**	B	**T**	Q	H	Z
I	**G**	V	T	F	O	N	**U**	I	J	**R**	T	**H**	A	U
A	N	**R**	X	Q	A	L	**N**	**A**	E	U	O	B	**E**	T
I	T	H	**A**	C	I	R	**C**	D	**U**	T	I	N	T	**R**
L	P	R	A	**N**	R	D	**L**	M	O	**N**	Y	N	I	G
I	Z	A	I	B	**D**	U	**E**	Q	O	V	**T**	Z	M	E
V	C	H	L	B	O	**M**	M	**G**	**R**	**A**	**N**	**D**	**P**	**A**
H	T	E	Y	H	T	S	**A**	S	U	S	J	X	F	A

S. 10:

O	Q	S	X	S	U	E	B	L	U	H	F	G	Z	O
A	N	O	S	W	I	Y	M	Z	P	L	P	T	G	L
V	**R**	B	**M**	**O**	**U**	**T**	**H**	Z	G	U	D	**E**	D	O
J	E	**M**	G	Q	L	T	L	S	H	H	T	**A**	Q	I
A	N	A	H	A	I	**E**	V	B	J	L	S	**R**	G	E
T	E	**L**	C	G	H	**Y**	B	**K**	M	G	R	N	C	U
J	M	**E**	C	A	E	**E**	Y	F	**N**	D	B	O	A	N
P	E	**G**	H	W	Y	W	Y	T	G	**E**	E	P	Z	D
S	Y	D	Y	A	N	S	E	D	J	U	**E**	P	J	P
Y	D	F	Q	U	N	B	V	O	E	N	X	L	I	P
S	P	A	**H**	**E**	**A**	**D**	U	G	T	V	L	I	O	**F**
H	U	U	J	L	E	A	**H**	**A**	**N**	**D**	F	U	T	**O**
T	T	O	W	H	Y	O	E	R	A	I	C	I	S	**O**
M	T	J	E	H	H	I	A	R	**N**	**O**	**S**	**E**	A	**T**
V	S	Z	J	O	H	C	S	E	V	U	F	E	Y	O

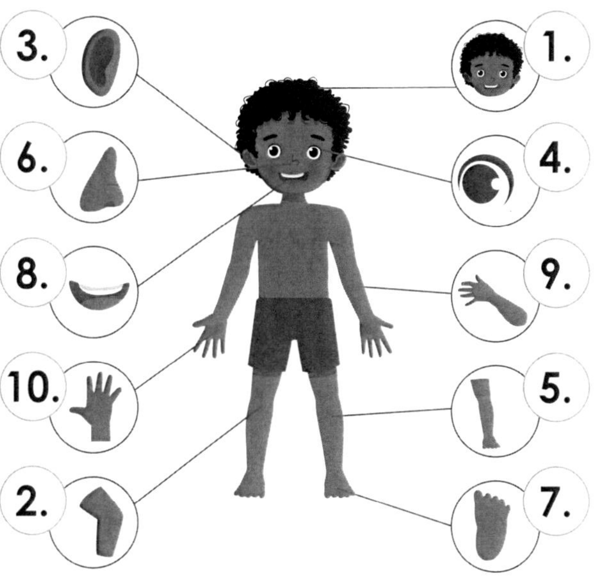

KOHL VERLAG
Englisches Wortschatztraining
Find the words – Bestell-Nr. 12 862

Solutions

S. 16:

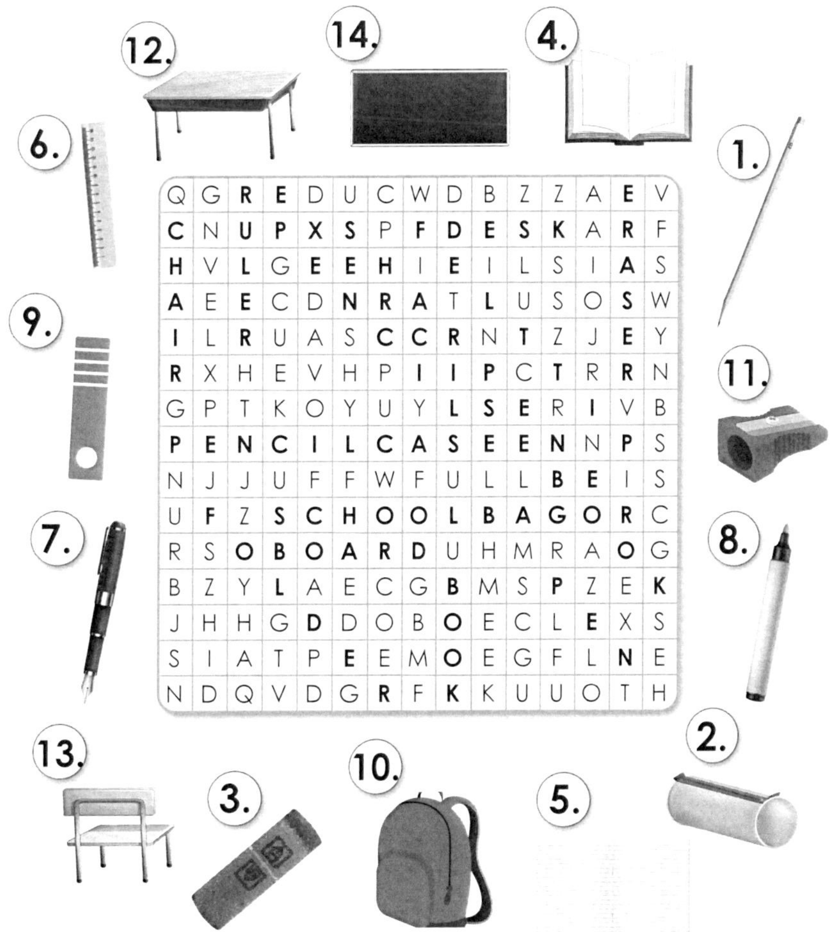

KOHL VERLAG
Englisches Wortschatztraining
Find the words – Bestell-Nr. 12 862

Solutions

S. 19:

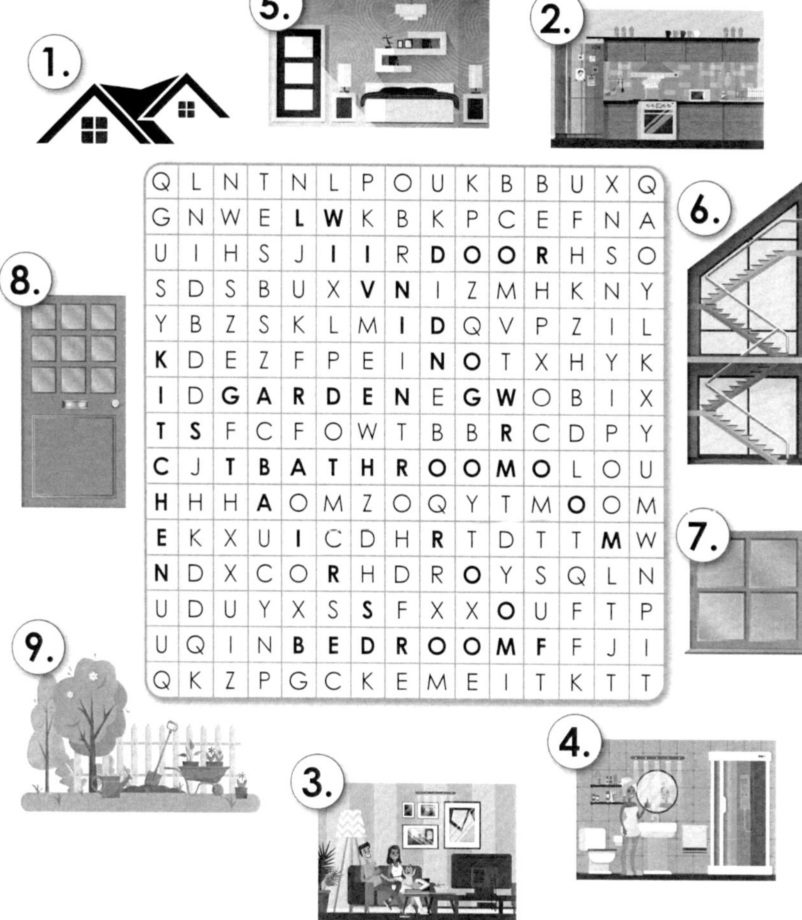

S. 22:

Englisches Wortschatztraining
Find the words – Bestell-Nr. 12 862
KOHL VERLAG

Clothes 3

In my wardrobe

Partner A

"In my wardrobe, there is/*are* ... *and* ..."

pullover * dress * jacket * skirt * shirt * T-shirt * trousers * boots * jeans * coat * cap * socks * scarf * blouse

Partner B

KOHL VERLAG
Englisches Wortschatztraining
Find the words – Bestell-Nr. 12 862

Solutions

S. 23:

K	**R**	**A**	**S**	**P**	**B**	**E**	**R**	**R**	**Y**	B	A	Z	Z	J
D	X	V	F	O	J	H	R	J	F	H	S	**R**	C	C
H	**O**	**R**	**A**	**N**	**G**	**E**	**J**	**U**	**I**	**C**	**E**	**O**	T	G
W	G	K	**M**	A	H	Z	F	W	**T**	X	B	**L**	B	H
C	Y	G	**I**	L	X	U	**S**	N	O	**O**	D	**L**	Q	Q
U	U	R	**L**	U	A	W	**T**	J	**C**	A	**M**	F	H	P
C	T	H	**K**	J	Y	L	**R**	K	K	**A**	P	**A**	B	N
U	**B**	**E**	**A**	**N**	**S**	R	**A**	I	**B**	B	**K**	B	**T**	M
M	B	V	B	Z	V	C	**W**	P	**R**	X	T	**E**	S	**O**
B	**B**	W	K	X	F	U	**B**	C	**E**	Q	P	N	A	E
E	C	**A**	R	R	R	H	**E**	R	**A**	C	Y	H	H	N
R	A	K	**N**	T	K	O	**R**	B	**D**	C	C	Q	Z	M
T	U	R	K	**A**	I	G	**R**	J	C	V	U	A	K	N
J	I	Y	A	M	**N**	A	**Y**	U	**A**	**P**	**P**	**L**	**E**	T
A	**T**	**E**	**A**	C	B	**A**	U	I	U	W	O	A	S	W

S. 25:

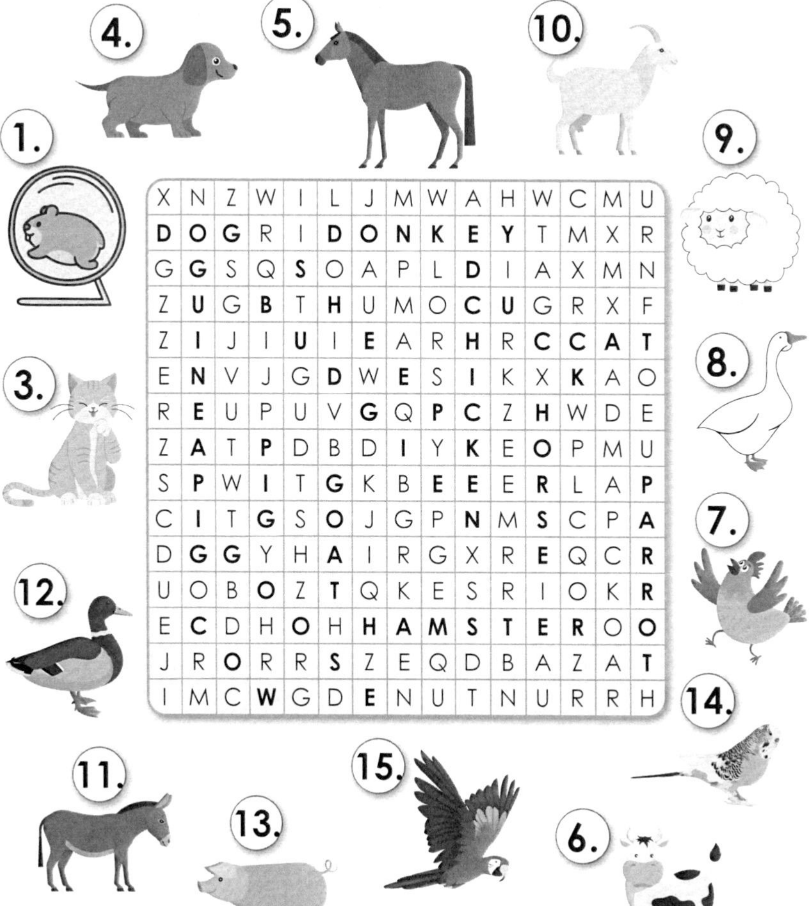

X	N	Z	W	I	L	J	M	W	A	H	W	C	M	U
D	**O**	**G**	R	I	**D**	**O**	**N**	**K**	**E**	**Y**	T	M	X	R
G	**G**	S	Q	**S**	O	A	P	L	**D**	I	A	X	M	N
Z	**U**	G	**B**	T	**H**	U	M	O	**C**	**U**	G	R	X	F
Z	**I**	J	I	**U**	I	**E**	A	R	**H**	R	**C**	**C**	**A**	**T**
E	**N**	V	J	G	**D**	W	**E**	S	**I**	K	X	**K**	A	O
R	**E**	U	P	U	V	**G**	Q	**P**	**C**	Z	**H**	W	D	E
Z	**A**	T	**P**	D	B	D	**I**	Y	**K**	E	**O**	P	M	U
S	**P**	W	**I**	T	**G**	K	B	**E**	**E**	E	**R**	L	A	**P**
C	**I**	T	**G**	S	**O**	J	G	P	**N**	M	**S**	C	P	**A**
D	**G**	**G**	Y	H	**A**	I	R	G	X	R	**E**	Q	C	**R**
U	O	B	**O**	Z	**T**	Q	K	E	S	R	I	O	K	**R**
E	**C**	D	H	**O**	H	**H**	**A**	**M**	**S**	**T**	**E**	**R**	O	**O**
J	R	**O**	R	R	**S**	Z	E	Q	D	B	A	Z	A	**T**
I	M	C	**W**	G	D	**E**	N	U	T	N	U	R	R	H

Solutions

S. 28:

S. 31:

KOHL VERLAG
Englisches Wortschatztraining
Find the words – Bestell-Nr. 12 862

Solutions

S. 34:

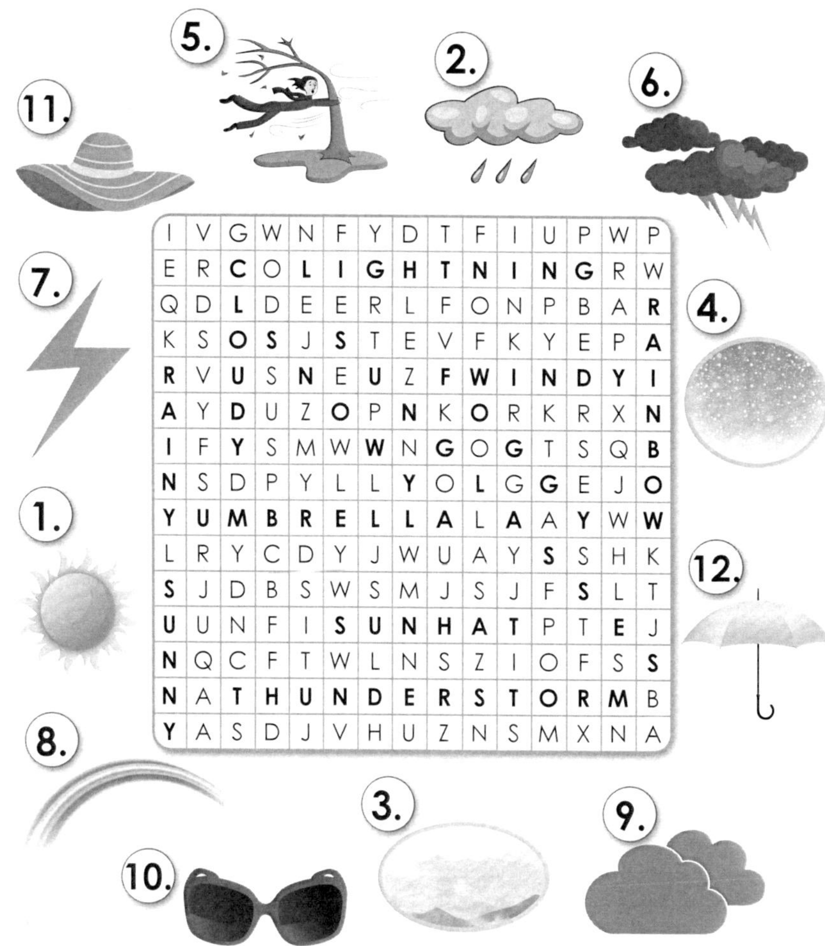

S. 37:

Englisches Wortschatztraining
Find the words – Bestell-Nr. 12 862
KOHL VERLAG

Solutions

S. 40:

Schaf 1 = braun

Schaf 2 = schwarz

Schaf 3 = rot

Schaf 4 = gelb

Schaf 5 = grün

Schaf 6 = blau

Schaf 7 = lila

Schaf 8 = rosa

Schaf 9 = weiß

Schaf 10 = grau

Schaf 11 = bunt

Schaf 12 = orange

S. 43:

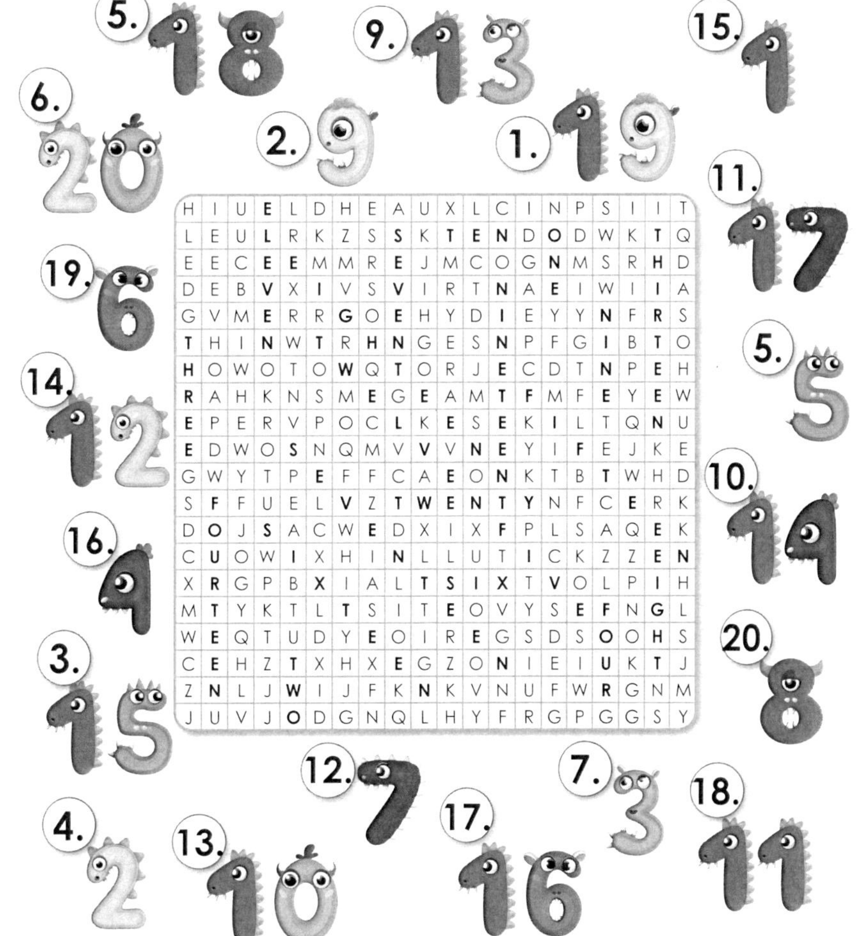